徐铭志 ——

著

京都人的京都

京都人の京都

越慢越美　穿过时光的隧道

感受真正的古都

中信出版集团 | 北京

图书在版编目（CIP）数据

京都人的京都 / 徐铭志著. -- 北京 : 中信出版社,
2019.6（2019.9 重印）
ISBN 978-7-5217-0064-0

Ⅰ. ①京… Ⅱ. ①徐… Ⅲ. ①旅游指南—京都 Ⅳ.
①K931.39

中国版本图书馆CIP数据核字(2019)第025629号

原书：《私·京都100选：9位京都在地通不藏私推荐，买、吃、逛、游、住必访景点》
徐铭志 著
中文简体字版©2019年由北京十锦宝盒文化传播有限公司出版发行
本书经城邦文化事业股份有限公司【商周出版】授权出版中文简体字版本。
非经书面同意，不得以任何形式任意重制、转载。

本著作仅限于中国大陆地区发行销售

京都人的京都

著　　者：徐铭志
出版发行：中信出版集团股份有限公司
　　　　　（北京市朝阳区惠新东街甲4号富盛大厦2座　邮编　100029）
承 印 者：鸿博昊天科技有限公司

开　　本：787mm×1092mm　1/16　　印　张：15　　字　数：100千字
版　　次：2019年6月第1版　　　　　印　次：2019年9月第2次印刷
广告经营许可证：京朝工商广字第8087号
书　　号：ISBN 978-7-5217-0064-0
定　　价：68.00元

自序：私房京都背后的"满喫"世界

火车抵达京都的那一刻，甚至在那之前看着车窗外匆匆而过的景致时，是感受不到心之所向的京都的。拖着行李、赶着时间的旅客在现代化的月台来来往往，置身于大剧场般的车站，不禁使我心生疑问：千年古都的古朴、闲淡、悠长，哪里去了？

古都真正的内涵与气韵，藏匿于小到仅容一辆车通行的静谧巷弄内，隐藏在一扇扇木拉门和布帘之后。

或是文化、地理环境使然，京都对游人来说，总有些隐蔽。除了那些游人如织的清水寺、祇园、金阁寺等知名场所之外，街道两侧大多是一扇扇未知的小门。有的店不接待不认识或者未经熟人介绍的客人，有的店小到十人就客满，有的低调到根本无从判断那是经营什么的店。

住在祇园时，每日经过的转角有一家关东煮令我感到好奇。那是一栋两层楼建筑，店外看不见任何广告招牌，只有布帘上印着店名"蛸长"二字，窥不见店内的任何蛛丝马迹。一日，想起在东京银座吃关东煮时，不就是用手指一指就可以了，于是鼓起勇气拉开了木制拉门。

里面是 L 形吧台，大概能容纳十人，菜单挂在墙上，但是没有写价格。关东煮使用了不少京都特产野菜，如九条葱、虾芋等，吃得我不亦乐乎。这就是小门后带给人的惊喜。但是价格也令我十分惊讶，别以为吃关东煮花不了什么钱，最后结账时，七种关东煮、两杯啤酒，竟然花了四百多元人民币！

旅途中的冒险固然也是乐趣所在，但时间总是匆匆，总不能餐餐日日都充满未知吧！该走进哪些店、逛哪些景点呢？如果有好的建议那该多好。

于是，我请住在京都的九位友人伸出援手，掏出他们平常会造访的名单。他们不仅仅要推荐，每人还接到了不同主题的"考题"，如去了心情会变好的地方、老京都的新活力、京都美意识、感受京都款待之处、远离人群的京都秘境、夜京都……

他们是各个不同领域的地道京都通，对这些主题了如指掌，所以很快就完成了答卷。而且我觉得他们真的是掏心掏肺地回答，根本不担心自己喜爱的店铺、私房景点涌入游客后，自己反而无福消受了。

依据友人开出的"百选"私房清单游京都，越玩越上瘾，一扇扇门就这样被打开，背后是一个又一个精彩无比的世界。比如鲜有人知的泉涌寺云龙院，是日本现存最古老的抄经场所，在那里抄写心经是独特的体验。结束后，还可以在寺内任选一处房间，享用主人提供的和果子和抹茶。寻一个僻静处，游客仅我一人，整个寺庙的雅致与宁静皆由我独享。

2015 年，我因采访任务待在京都超过 50 天。日文"满喫"，是对我在京都的那些日子最恰当的形容，一有饱餐之意，二有充分享受之意。或许因为是发自内心的感动与享受，我总是迫不及待地跟台湾朋友分享这些经验。于是也有了这本书的写作。

但是，我想提醒的是，京都就像一座取之不尽的宝山。看完这本书，也别忘了在旅途中留点时间，去探索那些未知小门后属于京都的世界。

最后，还是要由衷地感谢这些京都通友人，及从中协助的京都观光会议局、J&T CONTENTS 株式会社，没有他们的帮助就没有这本书。

自序：私房京都背后的"满喫"世界

穿梭京都时光隧道遇见最美的表情 _ 14
[作家] 泽田眉香子 | SAWADA MIKAKO

京都美意识 _ 38
[未生流笹冈第三代] 笹冈隆甫 | SASAOKA RYUUHO

意想不到的京都秘境 _ 58
["第三次的京都" 总编辑＆摄影家] 中岛光行 | NAKASHIMA MITSUYUKI

百年老铺与忘记忧愁的好心情 _ 78
[开化堂第六代传人] 八木隆裕 | YAGI TAKAHIRO

老京都的新活力 _ 148
[Voice of Kyoto 创办人] 宫下直树 | MIYASHITA NAOKI

老屋与慢时光，京都缺一不可的灵魂 _ 174
[庵制作公司董事 & 建筑师] 黑木裕行 | KUROKI HIROYUKI

谜一般的京都风流夜 _ 196
[京都精华大学讲师 & 设计师] 佐野渡 | SANOWATARU

京都迷悠晃上瘾的口袋名单 _ 220
[自由撰稿人] 徐铭志 | ERIC HSU

穿梭京都时光隧道
遇见最美的表情

[作家] 泽田眉香子 | SAWADA MIKAKO

[上图]
受访者：作家泽田眉香子。

-

[下图]
老房新生让京都充满时光感（图为
澡堂变身的咖啡馆）。

　　和京都人聊天或是在采访中，时间总像个关键词，以各式
各样的角度不断被提及：历经时间淬炼流传下来的事物、印刻
在某样事物上的时间感、时间流转所带来的沧桑美。总之，时
间可谓是京都最美的表情。京都的时间之美，有如千层派，着
实令人着迷。

　　不了解京都的人，总是会带有偏见和刻板印象，以为千年
古都就一定到处都是老屋、古寺、穿着和服的人。事实上，千
年古都京都虽然有着悠久历史，但整座城市早已不是千年前的
原貌。有些建筑是平安时期遗留下的，有些是历经灾难后经过
多次重建的，还有些是近代明治、江户时期才建造的。时光长
廊够深够长，加上保留传承得宜，于是层层叠叠交织出京都丰
富的样貌，有如大型的穿越剧现场。

[图说]
充满深邃感的长屋是京都常见的建
筑形式，往往内外如两个世界 。

这是在和自由作家泽田眉香子的访谈过程中，我才更加意识到的事情。就像她推荐的京都国立博物馆，里面的明治古都馆就有一部分是在方广寺大佛殿遗址的基础上于 1897 年建造的，而当时西风东进，建筑的形式则是模仿巴洛克风格。博物馆近几年才完工的平成知新馆，又变成现代简约风，但是馆内陈设的都是重量级文物。

京都这座城市，由远古的千年森林到千百年的寺庙，时至今日星罗棋布，不同时间的产物并陈在一起，散发着时间的况味，是追寻历史的轨道，更是时间长河绵延不绝的真实展现。

或许并非京都土生土长的背景，让泽田眉香子有双敏锐的双眼来观察这一切。曾任 *Meets Regional*、*L Magazine* 杂志总编辑的她，在 20 多年前，就因对京都的钟爱而买下一栋约 30 多平方米大小的日式老屋，从此定居在这里。她坦言："当时，这的确是个不容易的决定。"那时不仅没有老屋风潮，就连第二次世界大战后出生的父母也向往现代住宅，她可是费了一番力气才说服他们的。

移居京都后，泽田眉香子没有京都人非得坚守传统价值的包袱，反倒是找出自己诠释、观看京都的独特角度。她写的第一本书《京都器皿散步》，里面介绍了不少专卖古董器皿的商店。它们不是传统印象中有点距离感、高不可攀的古董店，有的就在古民家的土间（无地板的区域）和榻榻米上展示，像极了展览空间；有的则摆得室内盈满。她说，京都人特别想维持传统的事物，有些京都人看到她介绍的这些店家，甚至带点固执地表示："这么可爱，可不像是京都的东西！"

泽田眉香子并没有气馁，毕竟在她看来这也是京都的一部分。当她看到那些具有新思维的料理店和年轻的料理者也对这些老东西感兴趣时，她更加坚定地坚持自己的创作思路了，就连书名也刻意不用日文汉字，而是以片假名来书写，因为片假名在日本通常用来表示外来语。

走进泽田眉香子的书里介绍过的那些古董店，真像是乘着时光机去寻宝一样。有一家名叫"几一里"的店，老板荒井彻

在东京或追赶流行，或店租成本较高，反而较少有京都这类个性化的商店。

将自己居住的百年老屋的一部分改成了店铺，陶器、木器、字画等陈列得错落有致，店内气氛幽暗沉静。如果你随意拿起一件物品，主人荒井彻便会为你解释该物的来源、年代、特色等，就像有一个亲切的朋友陪着你边逛博物馆边解说一样。

在京都，如同"几一里"这样的小巧古董店多如牛毛。泽田眉香子说，这些店家的主理人就像是策展人，不仅决定了主题和风格，其所秉持的审美观更是为一家店注入了灵魂。而这也是京都和东京最大的不同之处。泽田眉香子说："在东京，或追赶流行，或因店租成本高而不敢尝试，反而少有像京都这样个性化的商店。"

有趣的是，在京都，古董和生活有不可分割的一面。为数不少的餐厅、咖啡馆日常所用的器皿就是古董，在饮食之余增添了不少风雅趣味。泽田眉香子的书中介绍了很多家这样的店铺，让大家看到了古老器皿与现代生活的融合。

20多年来，泽田眉香子一面埋首文字介绍着京都，一面也看到了它随着时间转移所发生的变化。据她回忆，刚搬来京都时，日本尚未掀起京都游热潮，直到美国遭遇"9·11"恐怖袭击后，许多居住在海外的日本人回到本土，他们变得比以前更加热爱生活。京都游就是从那时开始逐渐热起来的。而且一时之间，各式各样的京都特刊、专刊纷纷问世，跟她邀稿的人也络绎不绝，京都的工艺、平安时代等议题特别受欢迎。

对泽田眉香子而言，这些邀稿的内容也让她看到了不同人群喜好事物的差异性。举例来说，某个来自东京的杂志邀稿，读者群属于经济地位较高的成熟职业女性，她们想看到京都高雅风流的一面。而接到类似"推荐当地人爱吃的食物"这类主题，如果她推荐的是装在塑料容器里的食物，稿件会被拒绝，原因是：刊物读者眼中的京都食物，应该是盛装在美丽的竹制器皿中的。

这也提醒着我们，如同时间的多元层次，京都也糅合着各式各样的文化和生活样貌，不能总是以刻板印象来看待。比如，京都人喝咖啡比喝抹茶多得多；京都人的早餐并不是和

食，而是一块土司搭配咖啡……

"京都，是个旅游指南介绍不完的都市。"泽田眉香子一语道中京都在文化、内涵、景点上的富饶。这样的城市唯有让自己保持一双对凡事都感到新鲜的双眼，才能够理解得更多。另外，这样的城市不做任何准备都能玩得很开心，毕竟俯拾皆是文化，转角就有惊喜。泽田眉香子甚至表示，虽然自己从事的是旅游、文化写作的行业，但对游人而言，这并不是必需品。

说到这个，我们俩都大笑起来。当然，正在读文章的你，可以立刻将这本书抛之脑后，开启属于自己的旅程。只不过，随着泽田眉香子的脚步，听她解读京都的时间之美，穿梭在各种时光片段中感受历史的恢宏，则又是另一番过瘾的滋味。

[上图]
修行者、寺庙与自然，是很京都味的风景。

001
书籍

《京都器皿散步》

《京都器皿散步》

出版社：如何出版社
作者：泽田眉香子
定价：290 台币（约 63 元人民币）

002
寺庙

去日本现存最古老的抄经场抄经、品尝和果子

泉涌寺·云龙院

泉涌寺·云龙院

地址：京都市东山区泉涌寺山内町
36
电话：075-541-3916
开放时间：9:00-17:00

在京都寺庙里，亲自拿毛笔抄写经书是个有趣的体验。一笔一画书写的过程，其实也是让心慢慢地静下来的过程，这样更能领略到寺庙的魅力。有名的苔寺也叫西芳寺，要求所有参观者先抄完经才能开始参观。

在众多提供抄经场的寺庙中，要数泉涌寺的云龙院最有氛围。首先，因为泉涌寺云龙院位于山坡上，从公交车站下车后还得走上一大段上坡路才能到达。其次，寺院虽然很美但并不太大，游客的关注度相对较低，所以去的人不会太多。但正是这难得的清幽，让抄经变得妙不可言。

很少有人提及的是，这里竟然还是日本现存最古老的抄经场所。在这里抄写经书具有神圣的仪式感，寺院的人会先在你的头上洒上圣水，然后请你将双手抹上香灰以代表洁净身体，最后将丁香含在嘴里，直到经书抄写完毕。

这样抄写经书的时候连话都不能说。提着毛笔，蘸着朱红色的墨汁，完成 200 多字的般若心经确实比想象中要久，特别是还要跪坐在榻榻米上。如泽田眉香子所说："就好像时间一

[右下图1]
凭借窗户的变化，借景外也能聚焦。
-
[右下图2]
四格窗子可分别欣赏到椿、石灯笼、枫、松。
-
[右下图3]
云龙院有诸多庭园景致可欣赏。

直停在那里。"

经历了不短时间的抄写经书、静心之后，奖赏随之而来。寺院会准备一碗抹茶、一份和果子，专供抄写完经书之人享用。不设固定的位置，可在整个寺庙中任选一间房去慢慢品味。

寺里的庭园有着很好的景致，花草树木的搭配也格外别致。其中有一间房在面向庭园的纸拉门上，分别在四个不同的位置开了小窗。坐在室内特定的位置上，便能透过四扇小窗欣赏到室外庭园中的椿、石灯笼、枫、松四景，就像四幅不同的画作镶嵌在纸门上。京都人的风雅真是展露无遗。

景随时变的京都母亲河

003
景点

鸭川

[左下图1]
鸭川中洲的乌龟石，成年人和小孩都爱。

—

[左下图2]
鸭川上游还可远眺包围京都的山景。

—

[左下图3]
鸭川中洲是休憩的绝佳场所。

[右图]
5到9月，沿着鸭川的纳凉川床。

　　没有哪一条河能受到京都人如此的喜爱与守护。鸭川，一条游历京都时怎么都不会忽略的河流，是体验京都时间感最直接的地方。从地图上看，鸭川像是个Y字形，上游分别从西北、东北两个方向流过来的河流在出町柳汇流，然后贯穿京都"心脏地带"，深深浅浅地一路向南流去。横跨其上的桥墩，则带来东西向的人潮和车流。两旁的低矮河岸常有散步和骑单车的人，甚至只是静静地坐在那儿什么也不做的人，这当中有游客，更有日日生活于此的京都人。

　　鸭川的美在于其纯真朴实，它真实地记录着更迭的四季和大自然的变化。据说，总长31千米的鸭川原本水流湍急，自古水灾不断，1935年再度经历了大面积的水灾后，京都人花了10年加以整治，并将河床掘深，才奠定了今日我们所见鸭川的基础。

　　鸭川的四季风采各异。春天的鸭川有成片的樱花，随着气温回暖逐渐从南往北一路绽开；夏天则是一片绿荫，还有从二条到五条间的鸭川畔的纳凉床；冬天来此过冬的候鸟百合鸥和蓝天的组合又是另一番景致。

　　鸭川的多变带来了丰富性，每个人眼中的鸭川也不尽相同。曾为无印良品等知名企业做品牌设计的深泽直人喜欢从荒神桥向北望去的风景，他觉得远方的山好近又好远。我则偏好出町柳附近的中洲，那里是两河汇流处，景致更为多样。附近河床上的石龟还可以让人横越过河，石龟和石龟间的距离并不太短，有时得全神贯注地奋力一跃，还得和对面来人交错才能顺利通过。站上河床更能感受到鸭川的魅力所在，难怪这里是夏日的戏水天堂。河里悠游自在的鱼、河边遮日的绿荫、小孩子的嬉戏声、轻抚河床的凉风……这些都让鸭川魅力无穷。

欣赏日本现代庭园先驱的借景之作

无邻庵

无邻庵 📷

地址： 京都市左京区南禅寺草川町
31 番地
电话： 075-771-3909
开放时间： 4-6月：8:30-18:00；
7-8月：7:30-19:00；9-10月：
8:30-18:00；11月：7:30-18:00；
12月 - 次年3月：8:30-17:00

1868年，日本明治天皇迁都东京后，京都人有点担心经济会落后，所以开始吸收欧美文化。泽田眉香子表示，无邻庵就是在这样的时代背景下建造的。当我从一扇非常窄小的门进入后，果真看见了风格迥异的两栋楼：一栋是传统和室建筑、一栋是洋楼，这正是京都人汲取西方文明的印证。

这里的庭园很有看头，来头也不小，是日本现代庭园先驱小川治兵卫的杰出代表作品。小川治兵卫在造园方面具有深厚的造诣，设计作品遍及寺庙和神社，像是名胜平安神宫神苑、圆山公园就出自他之手，除此之外他也留下了不少私人宅邸的设计作品。

坐在无邻庵的日式木构造建筑里向开阔的庭园中望去，心旷神怡，美到令人忘却庭园外就是熙来攘往的马路。庭园的美景在我看来是在缓缓地向远方延伸的，且有越来越高的趋势：近处可见流水石头巧布其中，外围则是一圈高大的绿篱，而远方巧妙地使用借景手法，将东山美景纳入园中。整个庭园看上去和谐自然。

除了远观，更要亲自走入庭园中感受园林的细节。水是这个庭园的重要元素，据说这里的水系是从琵琶湖水道引流而来的。很令人享受的是，参观的游客三三两两，珍贵的时光不受打扰，什么也不必做，只是静静地欣赏和感受就非常美好了。

005
寺庙

世界文化遗产中的古老森林
下鸭神社

下鸭神社 ⚫

地址：京都市左京区下鸭泉川町
59
电话：075-781-0010
开放时间：6:00-18:00

　　在没有亲自走访世界文化遗产下鸭神社及其附属的纠森林（糺の森）时，并不觉得一片森林会有多么特别。事实上，这片森林是京都唯一的原始森林，也是重要的水源地，面积相当于三个东京巨蛋体育馆的大小。

想要领略这片森林的风采，千万别直接坐车到下鸭神社，而是要从出町柳站下车，然后一路向北步行，不需多久就可走进森林中。拔地而起的大树直冲天际，数百年的老树随处可见。据说 200 岁到 600 岁之间的老树多达 600 棵。比起京都那些经过人为规划设计的自然景观，纠森林才是真正充满荒野感的大自然。有一幕画面深深烙印在我的脑海：一位走在纠森林里的人，经过某棵大树时突然停下来，双手合十对大树行礼。面对大自然，人类是渺小的。京都人敬畏自然的心由此可见。

下鸭神社的正式名称是贺茂御祖神社，建于公元 8 世纪。一年四季，在下鸭神社举办的大小祭典近 50 个，其中包括京都重要的祭典葵祭[1]、御手洗祭[2]。不少人也会选在此处举办结婚仪式，下鸭神社与京都人日常生活紧密相连。

由于京都是盆地地形，夏季酷热，下鸭神社的这片森林可以说是京都人最珍贵的天然避暑胜地。此外，这里还是赏枫的好去处，大概是京都最晚枫红的地方，时间约为 12 月上旬，具体要视气候而定。那时一大片的枫红和落叶，绝对是一种视觉震撼。

---

1 葵祭，又被称作贺茂祭，是京都市下鸭神社和上贺神社的祭礼。

2 御手洗祭，日本古老的"祭"之一，据说是古代日本人祈求消除疾病、保佑长寿的活动。

新锐艺术家与现代风器皿

Sophora

Sophora 🌐

地址：京都市中京区二条通寺町东
入樱木町 77-1
电话：075-211-5552
营业时间：10:00-18:30（周四休
息，周三不定期休息）

"去 Sophora 寻找生活中的幸福吧！"我回到台湾后，再看着从 Sophora 带回的专为艺术家长谷川美穗办展所设计的明信片时，有了如此的感慨。

那是以"灰釉"为题的展览，在有点斑驳的木板上，摆着白色基底的碗、杯，带把手的杯等，其内缘中间都呈现出渲染效果的釉彩，其中有一款还有点像樱桃萝卜的断面。生活的美好不用多说，已统统呈现出来。

京都的美无处不在，即便是盛装料理的器皿，也都是餐厅念念不忘的细节。这份餐桌上的讲究延续至今，仍有为数不少的艺术家在为陶、瓷、玻璃等器皿增添新意。

搜罗这些生活器皿正是 Sophora 的长项，举凡陶、瓷器、玻璃（耐热玻璃）、漆器、金属品、编织品都能在这里找到，且品项不少。这家店铺开业至今已迈入第十个年头，内部的空间简洁又雅致，每年还会在店里策划十几档艺术家展览。喜欢现代风格器皿的人可别错过这儿。

在怀旧旧货堆里寻找趣味

レトロ京都

レトロ京都（Retro Kyoto）

地址：京都市东山区东大路七条下东瓦町 695
电话：075-756-7987
营业时间：10:00-19:00（不定期停休）

这是一家小到不行的旧货店，店内走动时需要屏气凝神，免得撞到店内摆得到处都是的物品。店主切挂舍一养了只名叫蕨（Warabi）的猫，它也经常在店内店外溜达。这里虽然卖的是旧货，却和一般的古玩店不太一样。这里五花八门，从佛像、石瓦到造型可爱的玩偶、火柴盒、作业练习本，应有尽有。

"店里有很多可爱的东西"，店主在户外广告牌上这样写道。他说早期也卖过那种一般人印象中的旧货，但渐渐地却发现可爱的东西更受欢迎，因此这类东西就越来越多了。

对泽田眉香子来说，这则是一家具有浓郁昭和风格的店，洋溢着美好时光的和平氛围。她口中的昭和时期，正是京都开始慢慢转变成旅游城市的时期，不少伴手礼应时而生。这家店里就有不少这样的物品。

非亲眼所见真的很难想象这里的特别之处，但昏暗的灯光、琳琅满目的小物就是有种魔力，仿佛让人回到一个趣味横生的世界，一掉进去就忘了时间。

两百年私校抢救成功变身文化沙龙

有斐斋弘道馆

有斐斋弘道馆

地址：京都市上京区上长者町通新
町东入元土御门町 524-1
电话：075-441-6662
开放时间：10:00-17:00（周三休
息）

放眼京都，百年以上的老屋可能都算不上太特别，老屋加上历史场景与故事，这种带有些传奇性的地方才更珍贵。有斐斋弘道馆位于京都御所附近，是一座有 200 年历史的老建筑，原本是儒学家皆川淇园在江户中期所创立的一所学堂，当时聚集的诗人、画家和学者有三千人之多。

2009 年是个转折点，有斐斋弘道馆要规划改建为公寓。于是，一群有识之士四处奔走筹资，好不容易才得以将这样的历史场景保留下来。现今，有斐斋弘道馆依然延续着"学问"的主轴，举办各式各样的讲座、展览、茶会等，将皆川淇园的理念现代化。此时的它已不像旧时的学堂，而更像是文化沙龙场所。

要进到有斐斋弘道馆里，需要经过一条长长的两旁种着绿植的石头步道。脱了鞋走上榻榻米，宽敞而略带昏暗的空间散发着一丝丝古朴韵味。对于游客来说，讲座、展览、茶会或许需要有一定的入门基础，但这里的好处是可供客人学习参观，还能在榻榻米上吃一份四季不同的和果子、喝一碗抹茶。盛装抹茶的茶碗也很是讲究，用的是修补过的老物件，碗沿土金色的修补痕迹让人更发思古之幽情。

百年澡堂的体验：日本第一处"电气风吕"

船冈温泉

船冈温泉

地址：京都市北区紫野南舟冈町82

电话：075-441-3735

营业时间：15:00- 凌晨 1:00（周日与节假日 8:00 开始营业，全年无休）

虽名为温泉，但船冈温泉却是一家地地道道的传统澡堂。1923 年成立之初，它原本是一家料理旅馆兼提供澡堂服务，直到 1947 年才开始专门经营澡堂业务。整栋建筑迄今已有近百年历史。

澡堂在京都越来越少，船冈温泉创下不少里程碑且风格独特，因而受到本地人和外来游客青睐。这里是日本第一家引入"电气风吕"（风吕：日语词，意为澡盆）的澡堂，使用的水也是让京都人引以为傲的地下水，这样的传统在船冈温泉一直没有变过。

　　澡堂里头的装潢也很有看头。泽田眉香子说，船冈温泉就像游乐园。一般的澡堂都是将一栋房子分隔出两边，一边男汤、一边女汤，船冈温泉也不例外。而进到更衣区，就会发现有很大的不同。这里的瓷砖颜色和花纹非常抢眼，上面有花草植物的彩绘，桃红搭配浅蓝色、绿色点缀着粉红，大多是日本大正末期到昭和初期（约 1923~1935 年）的作品。抬头看向天花板，还有鞍马天狗造型的立体木雕。

　　这都还只是"小菜"，真正进到浴场才可谓大开眼界，各式各样的泡澡池花样繁多：飘散着浓浓桧木香的桧木风吕、药浴风吕、水柱池……当然最特殊的莫过于电气风吕，里头真的有电，不习惯的人实在无法久待，也不能将全身泡进水里。

　　此外，船冈温泉还有一般澡堂少有的户外风吕，天冷时泡在室外的温泉里，倒也是一种享受。

010
艺廊

设计学校开艺廊，网罗各地生活用具

Gallery 直向

Gallery 直向 ⊕

地址：京都市中京区寺町通御池上上本能寺前町 471 1层
电话：075-221-8507
营业时间：11:00-19:00（周二休息）

实用、耐用、能用，这符合日本民艺运动之父柳宗悦提出的"用之美"。"用之美"提出后，因为其理念务实，曾经迅速在整个日本扩散开来，发掘出了巨大的文化财富。直向就是一家完美体现了柳宗悦"实用之美"的艺廊。

我很喜欢他们不把器皿称为器皿，而是生活用具的说法，听起来就像是天天需要、天天用得上的东西，多了份亲切感。

由空间设计学院（Space Design College）开设的直向和 Sophora 一样，也是坐落在寺町通商圈，售卖以生活用品为主的艺廊。不同的是，直向的店面又窄又长，京都人称之为"鳗鱼床格局"。此外，店里最深处还有一个户外小庭园。

直向里的东西小巧而亲切，从最北端的岩手县陶器，到最南端的冲绳玻璃，作品来自日本全国各地的设计师。别看店面不大，要真认真欣赏起来，可得花费不少时间。

因为立足京都的优势，直向也展示着京都职人自己的作品，如织品、香、扇子、木桶等。店里有年轻设计师，也有传承几代的职人，直向可以说是新旧共存。

[图说]
直向的生活用品非常多元，有杂货布织品、陶艺、玻璃、木工艺等。

011
博物馆

建筑大师操刀，国宝齐聚一堂

京都国立博物馆

京都国立博物馆 🌐

地址：京都市东山区茶屋町 527
电话：075-525-2473
开放时间：9:30-17:00（周一休息，逢节假日开馆，隔日补休；周五、周六延长闭馆时间至 20:00，特别展览期间闭馆时间会延后，详见官网）

京都国立博物馆透出来的京都时光让人有点眼神迷乱。

有着巴洛克风格的明治古都馆，其中有一部分是在方广寺大佛殿的遗址上建造的。当时，西化是主要潮流，古物、寺庙神社所收藏的宝物也面临损毁消失的危险。1897 年，京都国立博物馆建成开放，肩负起保存历史文物的重任。明治古都馆砖红色的外表，向我们展示的是一座当时西化下的产物。

2014 年，博物馆内"平成知新馆"开馆，坐落在明治古都馆旁边，二者形成鲜明的对比。简洁的现代建筑线条，透露着浓浓的东方禅意。这是著名的建筑设计师谷口吉生之作，他曾经还设计了美国现代美术馆、东京国立博物馆的法隆寺宝物馆。

就平成知新馆整体而言，设计上有着轻、透、利落的特色，看似简单实则巧妙。馆外一排细圆柱撑起了整片屋顶，摆脱了柱子的厚重印象。馆内展出的文物有雕塑、书法、染织、绘画、陶瓷等，是从 13 000 多件馆藏品和寄存品中精选出来

的。令人印象深刻的是，一楼挑高空间摆放的数尊高大佛像不但可以近观，走上二楼之后还能透过金属帘幕的透明墙面往下俯瞰。这是利用楼层空间的高低差所做出的独特设计，创造出不同的风光和视角。

另外，在互动性区域，人们可以体验佛像的组装过程，了解和触摸青铜器复制品的内部结构。逛累了，馆内还有一家餐厅和一家咖啡厅可供游客坐下来小憩。The Muses 餐厅里能眺望到户外大片的绿地，餐食由凯悦饭店提供；唐船屋咖啡馆则拥有极佳的视野来欣赏明治古都馆。

[左上图 1]
明治古都馆走的是巴洛克风格。
-
[左下图 2]
谷口吉生设计的平成知新馆简洁利落。
-
[右上图]
站在京都国立博物馆还能远眺京都塔。

京都美意识

[未生流屉冈第三代]　屉冈隆甫 | SASAOKA RYUUHO

［上图］
受访者：未生流屉冈第三代屉冈隆甫。

［下图］
充满青苔的屋顶可窥见时间的痕迹。

网上曾经疯传一张照片，美得令人窒息：京都金阁寺在隆冬盛雪后，天气乍晴，天空蓝得清透，只有金碧辉煌的金阁寺屋檐上仍覆盖着白雪。

金阁寺我已去过好几次，但内心仍然蠢蠢欲动，只为体验那里在别处无法享受到的美。而在京都，美好的景致实在不胜枚举。乍暖还寒的时节去感受樱花的美丽与哀愁，闷热的夏季躲到川床上纳凉，踩着轻快步伐登上大文字山俯瞰京都，抬头仰望热情奔放的枫叶在眼前画出半道彩虹，坐在千百年的建筑里静静沉思……

记不清造访了多少次，是为了美，为了那美到不能再美的人、事、物。

饱览体验过不少京都绝美的景致后，心中不免好奇，京都

[图说]
生活花艺。

的美究竟从哪里来？又该怎样形容京都的美？

未生流居冈第三代家元居冈隆甫一语道破京都美的真谛："京都没有最美的一瞬间！表现美好事物的'时间转移'，就是京都的美感。"

我并非第一次见到这位活跃的花道家。记得有一次受邀观赏宇治松殿山庄的能剧与花道展演时，居冈隆甫便是当日的花道设计者。很难想到他会把四季常青的松树与娇嫩粉红的玫瑰搭在一起，一刚一柔，在短短的几分钟内就博得了满堂喝彩，也激起了大家对他作品的好奇心。难得的是，我后来又有机会和他交流，从这位三岁即跟着祖父学习插花的花道家身上，了解了京都人眼中的美。

居冈隆甫说，花道和京都的美一样，没有一个最美的时间点。最精华的不是某个片刻，而是随着时间转移带来的美。他介绍说，欧美花道的特点是想在作品中表现出一瞬间的最美，而日本花道却喜欢从含苞待放的花苞开始欣赏，看着花朵慢慢绽放，最后渐渐凋零。他说："体验时间的流动，就是这么美的事情。"

也就是说，京都的美像一部动态影片，单看某个定格画面是不完整的。秋天，枫叶由青转为黄、橙、茶等色，是一片叶子浓缩了时间的表现，这是一种美；而拉长时间轴来看，则是要欣赏京都悠长历史遗留下来的产物。一栋房子、一间庙，历经多少时光依旧伫立，文化厚度层层累积，这也是一种美。

对京都人来说，美不光只是美的表现而已，更是一种信仰、思想，一种富含精神性的东西。居冈隆甫学习花道的过程就是不断思考人生、累积信念的一段长路。

1919 年创立的未生流居冈，是他的曾祖父从大阪拥有 200 多年历史的未生流独立出来的。这种流行的特色除了有传统不对称、花要插在等腰三角形内之外，还加入了"水平展开"这种较西式的插花法。这些是插花技术的指导原则。学习花道的过程中，他曾认为技术最为重要，可是祖父却从植物花草身上教给他诸多人生观，至今仍深深地影响着他。

京都没有最美的一瞬间！表现美好事物的『时间转移』，就是京都的美感。

屈冈隆甫犹记得 6 岁时，他将向日葵花苞向下插在玻璃瓶中，祖父看到后便告诉他，将向日葵朝上，看上去会很有活力。这一席话和简单的动手调整让他体会到，即便是人生低潮，只要学着向日葵朝向太阳的姿态，用心生活，人生就会继续向前迈进。

他从祖父一辈的花道老师身上了解到人和自然之间，不是对立，应该是充满和谐与尊重的。他说老一辈的人，会把工作结束后需要丢弃的花用纸包捆起来，洒上清酒，这表示"不只是要将花插得美丽而已，更要有敬重生命的态度。"

如今，这位 40 岁出头的花道家能够对美侃侃而谈，正是丰厚传家之道所滋养的结果。

我问他怎么看待年轻一代的花道家，屈冈隆甫说："事实上，时代的变化也让日本花道出现了不少新的观念和表现。美的标准不只有一个。我们首先要学习了解百年前对美的认识，但却不要固执于这些基础，而是要随着时代不断调整。"

对于向来给人以形式主义、规矩严谨印象的日本花道而言，屉冈隆甫确实带来了不少新意。在日本琳派（详见后页）四百年纪念活动中，屉冈隆甫创作以枯萎为题的插花，颇带给人惊喜。他先将鲜花放进氮气中冷冻，然后在短短的 15 秒内将花插好。紧接着，他用空气枪射向花茎，晃动中的花朵纷纷崩解四散，仅仅 8 秒的历程。他用高速摄影记录下这个过程，后来制作成了两三分钟的短片，投影在京都国立博物馆的建筑上。

屉冈隆甫解释说，这是一些文化界人士和他共同创造出来的作品。跳出一般人以枯萎为题总是直接联想到枯寂的想法，他想透过鲜花四散又化为泥土的过程传达出重生的概念。从凋零到重生，也意味着大地循环的生生不息。

"花道代表着思想，是杂学。日本花道、插花重视花本身的魅力，花道家是配角。花不只是创造美的工具，更是一种修行之物。"听了屉冈隆甫这席话，我终于明白，京都的美不是无中生有。京都的美，是悠悠的光阴，也是千姿百态的自然。

[图说]
历史感的建筑（左 2，三十三间堂）、季节的转移（左 1、右上图），随处都可找到充满京都感的时间轨迹。

四百年历史的《风神雷神图屏风》

建仁寺

建仁寺 Ⓜ

地址：京都市东山区和大路通四条
下小松町
电话：075-561-6363
开放时间：3月1日-10月31日：
10:00-16:30；11月1日-2月28
日：10:00-16:00

2015 年是琳派建派四百周年，在京都引起了热烈回响，书籍热销，展览每日大排长龙。琳派是约始创于 17 世纪的一门艺术流派，由本阿弥光悦和俵屋宗达两人开创。琳派最有名的作品就是收藏于建仁寺的《风神雷神图屏风》。在两块满是金箔的屏风上，左边屏风彩绘着雷神，右边屏风则彩绘着一身是绿的风神。

有趣的是，屉冈隆甫介绍说，后人不断临摹风神雷神图。所以，现在有 100 年前的风神雷神图，也有 200 年前的风神雷神图，东京国立博物馆就有收藏。

而有一幅临摹画作，鲜有人注意到屏风背后的玄机。那是画家酒井抱一所绘的《夏秋草图屏风》，乍看之下是幅植物作品，仔细观察就能发现，雷神图背面是雨后的积水图样，风神图背面是被风吹拂的青草与花朵图样，正反两面都相互呼应。

建仁寺提供

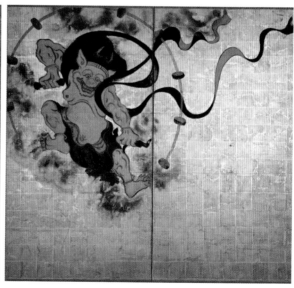

来者如归，背后的秘密

柊家

柊家 🏠

地址：京都市中京区麸屋町姉小路
上中白山町
电话：075-221-1136

再次踏入柊家，见到第六代店主西村明美时，距上一次见面已经过去好几年了。穿着和服、梳着短发的西村明美一如以往的神采奕奕，一点变化都没有。创建于 1818 年的柊家，现在由她打点内务，与同样位于麸屋町通上的俵屋、炭屋一起，被誉为"御三家"，宛如京都的精神堡垒，默默地守护着京都。

若能在京都住上一回这种百年旅馆，定能对京都的美感受更深。拉开大门，满是日式情调的外玄关映入眼帘，木椅、石盆、绿树、盆花，一派自然的生机。刚洒过水的地面还湿漉漉的，代表迎接之意。等到脱了鞋进到屋内，"来者如归"的牌匾就挂在内玄关处。

这不是空喊口号，柊家竭尽所能地让入住旅客感受到京都与京都的人情之美。比如从每间房屋看出去都有室外庭园的景色可赏，且四季景色不同。装饰也随着季节变化而更换，夏日

必定是竹帘、竹席，而到处可见的花瓶、卷轴不仅随时更换，这些看似寻常的装饰物品还都具有不俗的艺术价值，更别说所用数量惊人了，光挂轴就多达四五百件。

屋冈隆甫推荐柊家的原因，是这里具有非凡的时光层次与厚度。除了本馆，2006 年还新建了有 7 间屋子的新馆，现代设计与日本传统工艺在此交汇。西村明美介绍说，新馆有更开阔的景观，然后就一路带着我去看。

在这个过程中，我还留意到一些特别的细节：传统纸窗门下做了屋顶形状的镂空，从那里可以看到老馆的灰瓦屋顶；52 号房间的床板由树龄很久的神代杉（一种古代杉木）制成，而且手艺出自被誉为人间国宝的中川清司；还有用厚度超过 10 厘米的整块木头削制而成的洗手台……

柊家之所以让人津津乐道，还因为有名人的加持。文学大家川端康成、三岛由纪夫，喜剧大师卓别林都曾入住此地。其中，川端康成和妻子曾经住过的 14 号房，以及当时用来写作的 16 号房，深受大家喜爱。

[下图]
从迎宾的果子抹茶（左）到职人打造的房间内的木盆（右）都是一时之选。

被大自然环抱的秘境

星のや京都

星のや京都 🅐

地址：京都府京都市西京区岚山元
录山町 11-2
电话：0570-073-066

　　还没到饭店，我就已经开始享受这趟旅程了。从京都岚山渡月桥附近搭乘前往饭店的专属船只，沿途欣赏河岸两旁的景致，只用 15 分钟就到了星のや（虹夕诺雅）京都店。位于岚山桂川河畔的饭店星のや有着绝佳的地理位置，被大自然的山水环抱，给人一种与世隔绝的体验。这正是京都许多寺庙和建筑的特殊之处，隐身于自然之中，和自然水乳交融。

　　星のや也很懂得好好利用这样的优势。饭店里的客房，几乎每一间都至少有一面墙采光，开得很低的窗户可以看到室外随季节"轮番上阵"的美景，娇艳的粉红樱花、郁郁葱葱的茂密植被、橘黄艳丽的深秋……这样独一无二的景致不在远处，与你只隔着一扇窗的距离。坐在室内的沙发上望向窗外，整个人像被大自然轻轻地怀抱着，心也跟着沉静下来。

[上图]
星のや房内的窗开得特别低，打开
窗就是一幅四时更迭的画 。

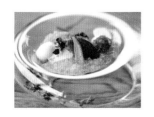

星のや最早是著名航运商人角仓了以的书斋，在改造成旅馆时也是煞费苦心、处处讲究，请京都专业领域的职人合力打造。比如房间的壁纸，是为京都二条城创作纸张的职人专门制作的京都式样壁纸，用的是拥有130余年历史的雕刻木版。榻榻米房间里那张用竹子制成的沙发，由专门的职人特地调整高度，坐下来时刚好能正对着户外美景。就连饭店里的挂灯和摆在客房里的灯，也都是职人亲手调试的。

星のや就像个度假村，虽然不大却让人想要一直赖着不走。听屉冈隆甫说，若是乘船到附近的米其林三星名店吉兆岚山吃顿饭，再乘着船回到饭店，那绝对是难以忘怀的京都双美体验。而且饭店可以提供这项服务，只是餐厅很热门，需要提前预订才行。

便当里的 12 个月

点邑

点邑 🍴

地址：京都市中京区麸屋町三条上
下白山町 299
电话：075-212-7778
营业时间：11:30-13:30；17:30-
21:00（周二休息）

　　点邑是京都大名鼎鼎的百年旅馆俵屋旗下的天妇罗餐厅，也曾是米其林美食指南里的一星餐厅。2015 年秋天换了新址后显得更为大气。新址二楼同样是 L 形吧台座席，一楼是庭园、等候区、包厢。原址的二楼，空间有点局促和陈旧，而这里大开面的透明玻璃窗外是满眼的绿意，成为佐餐最佳的视觉享受。

　　屉冈隆甫推荐的却是这家的外带便当。"便当里的 12 个月"是对它很恰当的比喻。这 12 款季节味便当并不只是随意换个食材了事，而是从料理手法到摆盘设计都截然不同。举例来说，在 1 月的百合根便当中，右边是一朵梅花造型的饭团，中央还特意点缀梅酱，左边配天妇罗、煎蛋等小菜；4 月的笋饭，用竹叶将长方形便当从中间隔开成两个梯形，右边放当季

[左下图]
刚搬迁的点邑与自然呼应，内部装潢典雅。

-

[右上图]
手卷便当可吃到招牌天妇罗炸虾，须提前预订。

的竹笋饭；6 月的香鱼便当是在白饭上洒上山椒，再放上一尾烤香鱼，此时的便当是被隔成上下两层的。这也难怪屉冈隆甫说他愿意经常去吃。

招牌的还有每日销售的长销款天妇罗手卷便当，内有炸虾、炸穴子（指海鳗）和小鱼寿司卷，搭配蛋、酱菜等。即便打包带走后放凉再吃，仍会给人以高度的满足感。点邑的便当不像超市里卖的便当那样随到随有，必须至少提前一天预订，再去店里自取。屉冈隆甫笑着对我说："稍微花点力气才取得的东西，会觉得更珍贵。"

016
甜点店

当嵯峨十景成了诱人的干果子

上七轩 · 老松北野店

上七轩 · 老松北野店 🌐

地址：京都市上京区北野上七轩
电话：075-463-3050
营业时间：8:30-18:00（不定期
停休）

常用于庆典仪式、节庆或茶会等场合使用的和果子，自然也流露着京都的美学。坐落于京都最古老花街上七轩的老松北野店，专门售卖和果子，而且曾经负责制作宫中庆典使用的果子，其地位不言而喻。

屉冈隆甫对老松的干果子有一定的感情，他说自己是从小吃到大的。虽然是干果子，老松依每个月该有的节气或景象，设计出了造型颜色非常丰富的茶席干果子。4月有蝴蝶造型的干果子，7月以七夕为主题，到了11月，山间秋枫的画面就成了桌上的果子。相较于生果子，干果子保存期限较长，也较容易携带。

我被老松的一款嵯峨十景的干果子吸引。他们把十幅画面做成一块块凹凸有致的果子，就像一块块凸版印章。这干果子由和三盆砂糖（一种黑砂糖，原产自日本神奈川县和德岛县等四国地方）制作而成，并加入肉桂粉和茶粉，形成了上绿、中白、下棕的颜色分层。赏心悦目、满足口腹之余，也等同于神游了一趟岚山嵯峨野。

017
甜点店

日本唯一的金平糖专卖店

绿寿庵清水

绿寿庵清水 🌐

地址：京都市左京区吉田泉殿町
38 番地 -2
电话：075-771-0755
营业时间：10:00-17:00（周三休
息、每月第四个周二休息，节假日
正常营业）

十几年前，在京都百年旅馆近又吃怀石料理，我第一次尝到这款小小一颗、五颜六色的金平糖。得知它的名字，却对它不甚了解，直到最近才发现这金平糖可大有故事。

首先，虽然金平糖和京都联结在一起，却不是京都原生，而是 16 世纪从葡萄牙传来的糖果。其次，不足 0·5 厘米的星形糖果制作起来其实一点也不容易。由糯米粉作心，在转动的锅上加热，不断地裹上砂糖，依据温度、湿度不断调整，这个过程至少得需要 14 天才能完成。而且，能操刀的师傅得经历过十年搅拌、十年淋蜜的训练才能独当一面。据说，老练的师傅光听金平糖在锅里转动的声音就能做出判断。

在走进这家日本唯一的金平糖专卖店之前，我就闻到了甜甜的炒糖味道。已经传承到第五代的绿寿庵清水在机械化的今天并没有使用机器，仍然坚持手工制作。不过制糖师傅也在尝试着创新，在金平糖中加入调味料做出各种新奇口味，比如樱花、优格（酸奶）、荔枝、西瓜这样的季节限定款。

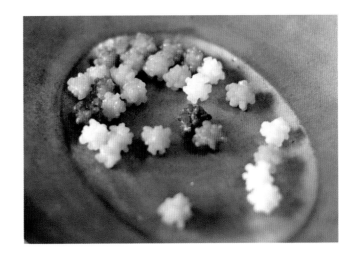

为期一个月的千年祭典

祇园祭

祇园祭 🏮

地址：京都市东山区祇园町北侧
625 番地（八坂神社）
电话：075-561-6155
活动时间：7 月 1 日 -7 月 31 日
（7 月 16 日的宵山和 7 月 17 日的
山矛巡街为重头戏）

京都的祭典一年四季不断。如若游客只有一次机会参观祭典，那绝对要去夏季 7 月的祇园祭。屈冈隆甫说："祇园祭是当地人的集体活动，是一种身份认同，即使请假也要参加。"

在炎热的夏季里，这个已有千年历史的祭典前后可持续一个月之久，京都人却乐此不疲，多少可看出这个祭典对于当地的重要性。

如果不去现场，实在很难体会祇园祭的魅力所在，以为不过就是一堆人推着木结构的山矛车在街头巡游而已。只有到了祭典现场，才能领会这桩全城热事。街道上到处可见为了祭典所悬挂的捐献灯笼；至少两三层楼高的山矛车出现在眼前时才会惊觉它是如此巨大，更不要说重量了，那绝对是从照片上看不出的震撼。我还目睹了山矛车的拆卸过程，光是一个轮子就要三五个壮汉才能顺利地推进仓库。

除了欣赏山矛车的结构、装饰之美，祇园祭真正触动人心之处在于京都人的那份虔诚。当众人跟着山矛车游行时，穿着一致的服装、跳着动作划一的舞蹈，外人也很难不受到其气氛的感染。

千年前为了驱赶瘟疫而催生的祇园祭，重头戏是7月17日的山矛巡游。这一天，许多道路都会被封锁，旅馆也被预订一空。不过好在一个月中有各种各样的活动供人参与，商家也会推出祇园祭特制商品，整个7月都很热闹。屉冈隆甫说，祇园祭期间，商家会依照习俗插上名为桧扇的花（射干花），看起来像张开的扇子，是京都人呼应节气、节庆在美的展现。

不受打扰的赏枫名地

金戒光明寺

金戒光明寺

地址：京都市左京区黑谷町 121
电话：075-771-2204
开放时间：9:00-16:00

　　正如屋冈隆甫所说的，一片树林，甚至是一片叶子，都能看出时间的变化。能给人这种感受最明显的要属秋枫了。这大概也说明了为什么枫叶让人百看不厌，当暗红、亮红、橘、黄、茶、绿等丰富的颜色挥洒在眼前时，在阳光的映照下明亮且热情如火。若再加上古色古香的京都庙宇或建筑作为陪衬，这幅景致不触动人心都难。

　　金戒光明寺位于京都的吉田山上，登上山门可以鸟瞰京都市区。这里不像赏枫名地那样人山人海，却也是极佳的赏枫地点。沿着石头路、石桥、水池边走上一圈约莫 10 分钟，人烟稀少，不受打扰。不知是否因为坐落在山上，这里有更多种类的植物，还有比城区更高耸的松树，整体视觉体验也更丰富。

有如极乐世界的红叶奇景

真如堂

真如堂

地址：京都府京都市左京区净土寺
真如町 82
电话：075-771-0915
开放时间：9:00-16:00

到京都赏枫数次，每处体验各有不同。有一年在屉冈隆甫的推荐下来到真如堂。我的结论是：真是相见恨晚啊，可以不要公开吗？

它和金戒光明寺同样位于吉田山，所以到真如堂赏枫这件事大多也不在游客的清单之列。毕竟以名气来说，这里不如东福寺、永观堂来得响亮；就地理位置而言，也较为偏北，还得走上一小段上坡路才能抵达。

真如堂的正式名称是真正极乐寺。枫叶转红的时节来到这儿，真有种身在极乐世界的感觉。来这里参观的多半是日本人，若与东福寺满坑满谷赏枫的人潮相比，这儿可真算是清幽僻静。即便枫树的数量不如名胜那样多，但"来得多不如来得巧"才是真如堂枫叶的真实写照。

寺庙大门阶梯旁的红枫叶，可以说是真如堂的前景，在阳光照耀下红得难以形容。而环绕着真如堂本堂四周的枫树，高低有别，层次丰富，有一种浑然天成的精巧之美。还有一个重点，这里不收门票，而且若不参观本堂，清晨 6 点就能来此独享赏枫的无人之境。

意想不到的
京都秘境

["第三次的京都" 总编辑 & 摄影家] 中岛光行 | NAKASHIMA MITSUYUKI

［上图］
受访者："第三次的京都"总编辑
＆摄影家中岛光行。

近年来，想要到京都感受闲淡寂静的气息可以说是越来越不容易了。赏枫赏樱季节往往一房难求，即使是在非庆典期间的淡季，热门的清水寺、祇园也都是人满为患，几乎到了寸步难行的地步。

不仅日本人爱去京都，还有越来越多的外国人对这座古都充满憧憬与好奇。根据日本官方统计，2015 年造访京都的旅游人（次）高达 5684 万，创下历史纪录新高。对比 2000 年的 4051 万人（次），多了约四成，实在惊人。不仅如此，日本国内外住宿人数和观光消费额这两项也都在 2015 年达到最高点。5684 万人（次）是什么概念呢？相当于平均每天有 15 万左右的人（次），在相当于半个北京大小的京都游玩。

于是，"不受大批人群打扰"成了近几年我在京都奢侈的向往。有时我会趁着淡季来，比如 5 月、8 月；有时为了去看

人人争相目睹的美景、祭典，也找到了一些心得，比如起得越来越早、走得越来越远。然而，这也如同意外地打开了京都宝藏的隐藏大门，可以去往那些远离人群的秘密之境，同时也深感京都的丰盛与富足。

可是，越探索越好奇，对于日日生活于此的京都人来说，他们远离观光人潮的私房秘境在哪里呢？身为记者的第一直觉，问摄影师准没错。因为即便相同的景致摆在眼前，每每透过摄影师的画面撷取与记录，都能发现新的风景。于是，我与身为摄影师的京都人中岛光行联系上了。

中岛光行最先吸引我的是他的摄影作品。他有个名为"第三次的京都"（三度目の京都）的网站，里面的照片恬静却不失浓烈的情绪，整体又带着些许的萌黯感，这正是我所寻求的京都味。更惊喜的是，在他的网站里列出的寺庙，如爱宕念佛寺，是我一直想造访却未能成行的，更有古知谷阿弥陀寺、圆光寺这种我头一次听闻的，因此期待之心果断被撩起。

见到中岛光行，我马上抓着他问："什么是第三次的京都？为什么不是第四次、第五次的京都？"这位一身黑衣黑裤、蓄着胡子的摄影师介绍说，一般从外地来京都游玩的日本人，第一次通常是参加小学、初中的毕业旅行，这时金阁寺、清水寺这种必访景点是他们的走访范围；等到了人生中第二次造访京都，多半是上了大学后，大多仍然会去京都的知名景点；直到毕业、开始工作后第三次来到京都，才有机会去一些少为人知或更偏远的景点，更加深入地了解京都。因此，"第三次的京都"打算推荐一些景点给游历京都三次以上的人，简单地说，就是介绍知名度不高却值得深度探访的景点。

不只有网站，"第三次的京都"是个大计划。中岛光行在摄影工作之余，还出版了相关书籍、举办过展览。在他过去的摄影生涯中，寺庙、佛像和美术品一直是他拍摄的主题。中岛光行说："拍过很多寺庙，却没机会公开。"于是建立了网站专门介绍自己喜欢的寺庙，这也成了"第三次的京都"诞生的起点。

之后不久，第一本以诗仙堂为主题的摄影集出版，副标题

从寺庙中可以欣赏到职人工匠呕心沥血的作品，因为很尊重技法，可以从中看到他们的灵魂。

是"私房京都旅游记录"。与大多数采用诗仙堂的具体形象作为封面的人不同，他只选用了一张由深绿、浅绿到纯白的光圈散发光晕的照片，给人以更多的想象的空间。

翻开内页，看到中岛光行欣赏诗仙堂的独特角度。榻榻米的编织细节、细砂铺地只有些微起伏的枯山水、一根梁木上的钉子、屋檐伸出的绿意……就像中岛光行所说："一般人通过这些照片，不一定能联想到诗仙堂。"跟着他的镜头，有如拿着放大镜去欣赏容易被忽略的细节，抓住光影、时间的痕迹。他的这种向人们展示自然世界的方式，让人感觉很治愈。

在中岛光行心目中，诗仙堂有着不可取代的地位，算是他摄影生涯的启蒙场所。他的父亲曾经也是一位非常出色的以拍摄寺庙、美术品为主题的摄影师。从小生活在满是摄影器材和照片的环境里，中岛光行却没有对这些产生兴趣。直到高中时，英国王子查尔斯和王妃戴安娜来到京都参观诗仙堂，中岛光行逃课去看，结果发现官方摄影师竟然是他的父亲，他才知道自己的父亲原来是这么厉害的人物。大学毕业后，中岛光行做了许多不同的工作，最后还是打算以创作为业，毅然决然地追寻父亲的脚步成了摄影师。

他父亲当年拍摄的王子和王妃的照片现在仍然高挂在诗仙堂。中岛光行说："我在父亲那时的年纪出版了这本书，格外有感触。"听着这样的故事，有感于京都的"无处不传承"。

中岛光行向我推荐了不少秘境一类的庙宇。因为这些寺庙不是观光热点，所以相当幽静。他说："从寺庙中可以欣赏到职人工匠呕心沥血的作品，可以从中看到他们的灵魂。"这就是他总把镜头转向那些细枝末节，却能引起共鸣的原因。

除此以外，他也提到，过去寺庙其实是京都人精神及生活的依赖，小孩子会到寺庙里玩耍，成年人则是到寺庙去寻找精神寄托。然而今日，寺庙内几乎全是拍完到此一游照片就快闪离去的游客。中岛光行建议，这些京都秘境也能唤醒人类内心的秘境，不妨坐下来静静地看一看、想一想，度过悠闲又寂静的难得时光，说不定能借此重新认识寺庙也重新认识自己呢。

021
摄影网站

第三次的京都

第三次的京都

网址：www.sandome-kyoto.jp
facebook（脸书）：搜寻"第三次的京都（三度目の京都）"

《书中的京都》 📖

定价：1500 日元（约 91 元人民币）
出版社：ディスカバリー

A Private Kyoto Travelogue：《诗仙堂》

定价：1 500 日元（约合 91 元人民币）
出版社：フィールドラボ

022
寺庙

清幽！登山步道喝醍醐水、赏千年古建筑

醍醐寺·上醍醐

醍醐寺·上醍醐 📍

地址：京都市伏见区醍醐东大路町 22
电话：075-571-0002
开放时间：3 月 1 日 -12 月第一个周日 :9:00-16:00；12 月第一个周日 -2 月 :9:00-15:00

即便离京都市中心不远，醍醐寺也并不是一个特别容易到达的地方，直达公交车班次少，搭乘电车的话还要走上 10 分钟的路程。不过，这并不会折损丰臣秀吉在此举办"醍醐赏花会"的美名。每到春季，前来赏樱的人络绎不绝。

醍醐寺占地广阔，分为三宝院、下醍醐、上醍醐几个区域，参观时也需要分别付费。打开官方网站的地图，若不亲自走一遭，也很难弄清东南西北。中岛光行经常在醍醐寺拍照，所以他推荐去上醍醐，因为那里"有种与世隔绝的感觉"。一路会经过三宝院、下醍醐的仁王门，但都不是上醍醐的入口。

［上图左］
上醍醐的入口供净身的水池与神像。

-

［上图右］
上醍醐山中的建筑被多种植物包围，有如遁入大自然。

人们需顺着小路再向上，可直接到达上醍醐。

这是一条单程长达两个半小时的登山步道，也因此会使许多人打退堂鼓，所以这里会让你感到非常清幽。

顺着步道拾级而上，在快接近山顶时，终于可以看到所有付出的回报，上醍醐寺务所、醍醐水、药师堂、开山堂这些上醍醐的建筑依次出现。

陈旧的木造寺庙建筑，有的巧妙地隐入一片自然中，有的搭建在平台之上。这些建筑大多年代久远，如药师堂已有超过一千年的历史，孑然立于这空寂无人的山中。不经过一番攀爬，难以感受这份不易得来的厚重。喜欢登山的人千万别错过。

023 寺庙

庄严！近距离观赏日本唯一现存的九体佛

净琉璃寺

净琉璃寺

地址：京都府木津川市加茂町西小札场 40
电话：0774-76-2390
开放时间：9:00-17:00（12 月 -2 月：10:00-16:00）

要想去京都府木津市的净琉璃寺，得先抵达奈良车站，再转乘公交车前往。车上稀疏的乘客预示着去该寺的人应该不会太多。只需 20 分钟的车程，窗外风景便会从市区景色转变为山间田园风光。

净琉璃寺是平安时期（794~1192 年）建造的净土式庭园，主体以本堂、三重塔及中央水池构成，保存至今弥足珍贵。

进入本堂内，九尊巨大的阿弥陀佛坐像一字排开。通体金黄的佛像经过这样的陈列显出非凡气势，所以又被称为九体寺。曾经京都有许多九体阿弥陀堂，但保存至今的仅此一座。和"三十三间堂需要隔开一定距离才能观看观音像"不同，这里可以近距离欣赏。

而走到本堂对面，隔着一池碧水回看，木质结构的本堂倒映在绿意盎然的水面，又是另外一番风景。想要提醒大家的是，往返奈良车站和净琉璃寺的车次少，且中午休息，需注意时间安排，回程时可利用等车空当在附近的小食店用餐。

神秘！满月和枯山水的对话

024 寺庙

正传寺

正传寺 ◐

地址：京京都市北区西贺茂北镇守
庵町 72
电话：075-491-3259
开放时间：9:00-17:00

正传寺的方丈建筑是从伏见城的殿舍移过来的。除此，这里最著名的要数由知名庭园师小堀远州设计的、名为"幼狮渡海"的枯山水，虽然只是一堆白沙和以三、五、七排列种植的植物，但如果从室内看向庭园，就能发现设计师的巧妙安排。远方的比叡山与庭园共同完成了一幅美景。

等到中秋月圆之夜，这里更成了绝景。一轮圆月高挂在天上，远方壮阔的山棱以及洒落在枯山水间的月光，远远近近，让这景观的层次变得十分鲜明。院方特意在月圆前后三日开放了夜间参观，绝对是很新奇的体验。

走进寺庙之前，有一面挂在门口窗边的锣上写着"拜观二打"让人印象深刻。"当——当——"的声响不仅是提醒窗内的寺院人员开窗接待，似乎也是一种仪式。

025
寺庙

精彩！巧布借景庭园
圆通寺

圆通寺 🌐

地址：京都市左京区岩仓幡枝町
389
电话：075-781-1875
开放时间：4-11 月 :10:00-16:30 ；
12- 次年 3 月 :10:00-16:00

　　和正传寺一样，圆通寺也以借景庭园闻名，而且同样是以
比叡山入景。不同的是，这座庭园不是用白砂而是用遍布着青
苔和石头做成枯山水的。庭园设计师以一道低矮绿篱当作围
墙，内外两侧各有几棵高耸的松树，好似庭园的卫士。远方的
比叡山可从树与树的间隙眺望，只是不如正传寺的借景宽阔。
但整个庭园也因此有更多变化，太阳透过树木枝干洒落阴影，
尤其可在秋日看枫红，想必是另一种美。

　　这里原本是江户时期后水尾天皇的离宫，后来改为寺庙。
但因为其位置已经远离京都市中心，总是被开发商惦记利用，
能够保存下来也是相当不易。圆通寺内部是禁止摄影的，只有
庭园可以拍照，大家就放下摄影机、手机，好好用眼用心欣赏
这片难得且可能消失的美景吧。

寻幽！山中秘境的修行处

古知谷阿弥陀寺

古知谷阿弥陀寺

地址：京都市左京区大原古知平町83
电话：075-744-2048
开放时间：9:00-16:00

要想深入体会"寺庙是修行的场所"，去一趟古知谷阿弥陀寺便能感受得到。游客需从京都市中心乘坐去往北边郊区的公交车，一个小时后经过郊区大原，还要继续往山里开。到站后下了车，还要走上一段又陡又长的山路才可到达。

那条山路上高耸的林木比比皆是，更不乏800岁树龄的神木。一旁还有潺潺流水伴着步伐一路而上。中岛光行说，走在这段爬坡小径上，尤其是5月枝头冒出新绿或是11月深秋枫红时，是一种特别的享受。

这里的特色是那些颇具历史的木构建筑、庭园、石佛像等，寺庙里很清静，禅意浓厚。因其位于半山腰的平台上，让这里有种被群山环抱之感。

只是行经此处的公交车班次实在很少，当地人多半驱车前往，沿途也会看到一些骑行爱好者骑着自行车一路向上。至于只能乘坐公交车的游客，若时间衔接得不完美，不妨像我一样，把等待的时间拿来走下山。从古知谷阿弥陀寺公交车站走到大原站需要20至30分钟，沿着有溪流的山中小径一路走下去，走走看看也不失为有趣的过程。

027
寺庙

壮观！ 1200 座石罗汉沿山而立

爱宕念佛寺

爱宕念佛寺 🅼

地址：京都市右京区嵯峨鸟居本深谷町 2-5

电话：075-865-1231

开放时间：8:00-17:00（16:45闭门）

十年前，我曾在一本京都赏枫的杂志上看到一张照片。照片中，枫叶掉落在一尊尊石头罗汉身上，那画面令我十分难忘。或许这并非什么知名大庙，杂志并未大书特书，仅以少量信息带过，而我也未曾刻意寻找。十年过去了，我终于清楚地知道了那张照片的拍摄地，原来是嵯峨野的爱宕念佛寺。

爱宕念佛寺距离总是人潮人海的岚山闹市区有一段不短的距离，至少需要步行半小时才能到达。沿一条小路前行，直到道路两旁出现商店林立的小村落为止，爱宕念佛寺就在那条路的尽头。

2

[图说]
从爱宕念佛寺山门（左2）进入后，
是一段往上阶梯。本堂（左1）外
是一尊尊的石罗汉（右上）。

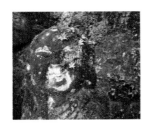

爱宕念佛寺的最大特色便是寺内的1200余尊石雕罗汉。这些罗汉雕像沿着坡体而立，表情各异。据说，这些都是昭和时代后的捐赠物，罗汉石雕的背后还能看到捐献者的名字。因为长年经受风吹雨打日晒的侵蚀，石罗汉上长满了青苔。而在一些特殊时节，这里会变幻出有趣的景象，比如秋枫落叶之际，枫叶或落于石罗汉头上，或落于其手中，再加上千奇百怪的表情，趣味横生。隆冬下雪时又另有一番异样风趣。

据中岛光行说，寺庙里允许游客吃便当，若是坐在本堂的木地板上，边吃美味便当边欣赏风景，体验也很特别。他还说："如果以用餐来比喻，便当不会成为主菜，但却是饭后令人愉悦的美味甜点。"

028
寺庙

唯美！查尔斯、戴安娜拜访的中国风庭园
诗仙堂

诗仙堂 ◐

地址：京都市左京区一乘寺门口町
27 番地
电话：075-781-2954
开放时间：9:00-17:00

诗仙堂的位置已超出京都一日乘车券均一价的范围，由于这样的地理条件限制，自然过滤了不少看热闹的游客。但一到旺季，比如深秋，仍抵挡不住大批人前往。

诗仙堂的建筑体不算大，两面向着室外庭园，园内景色怡人，带有中式庭园的风格。随意选择一处，安静地坐在榻榻米上，看着近处修剪成圆形的植物、外围层次分明的树木，听着远处传来的竹筒敲打声，就能度过一段很悠闲的美好时光。

诗仙堂不仅只有这个观赏庭园而已。据说这是由武士、文人石川丈山所建，他不但被称为煎茶始祖，也是日本汉诗的代表人物。这里挂着他请人绘制的 36 幅中国诗人画像，上面还有他自己用隶书书写的诗词，其实这就是诗仙堂名字的来源。

诗仙堂因坐落在一个凹凸不平的位置上，也被叫作"凹凸窠"。走出室外拾级而下，别有洞天。地势起伏落差较大，却被作为设计元素用于建造庭园。沿路而行，竟带给人一种畅快之感。

坐落于洛北山间、地理位置偏远、整体面积不大，这些不利因素看似会给造访诗仙堂带来一点难度。可是山不在高，有仙则灵，就连英国查尔斯王子和戴安娜王妃来访京都时也曾来此参观，诗仙堂里还挂着一张寺院住持与他们合影的照片。

对诗仙堂有着浓厚情感的中岛光行说："光、水和绿，是诗仙堂的醍醐味。"再加上春天花开、夏季绿浓、秋日枫红、冬日白雪，真是美轮美奂，有如仙境。如果看过他网站上的诗仙堂照片后再到现场，你也许会看到更多大多数人们不会去注意的细节。

[图说]
诗仙堂的庭园从植栽的造型到细砂有别于其他寺院，虽然室内空间不大，却很清幽。

029
寺庙

静观！在枯山水中寻找十六石罗汉
地藏院

地藏院 Ⓜ

地址：京都市西京区山田北之町 23
电话：075-381-3417
开放时间：9:00-16:30

地藏院距离岚山约 20 分钟车程，因竹林繁茂也有竹寺之称。通往寺庙的小径被一片竹林和枫树包围着，春夏之时，阳光渗透进挺拔而葱郁的竹林在小路上洒出斑驳的光影，幽静而深邃；到了秋天，依然翠绿的竹林间点缀的枫树叶子开始变黄、转红，气氛又有不同。

进入寺院后，游客是禁止拍照的，只能用双眼努力记住眼前的一切。寺内庭园极具特色，由第二世宗镜禅师设计，通过枯山水表现十六罗汉修行之姿，因此这里又被称为"十六罗汉之庭"。但是这里和印象中的枯山水形象有所出入，庭园中树木高低错落，枝繁叶茂。而有点抽象的罗汉像便隐身其中，所以即使有时间，想要一一找出那十六尊罗汉像，难度也不小。

庭园的正中央还有一株名椿，约莫 3 月开花，它有一个美丽的品种名叫作"胡蝶侘助"，开花时红白相间，倒真和蝴蝶有几分相似。

温馨！疏水道旁的日常咖啡屋

SHIZUKU CAFÉ

030
咖啡馆

SHIZUKU CAFÉ

地址：京都市左京区北白川小仓町
110-4 小仓公寓 1 层
电话：075-702-2893
营业时间：11:30-16:30；18:00-
21:30（周三休息；每月第 1 个、
第 3 个周四休息）

还有什么比坐在一家有质感的咖啡屋里，而室外就是一抹绿意，来得更享受呢？SHIZUKU CAFÉ 就是这样一家店。它的位置就在银阁寺白川疏水道附近，规模不大，看起来像一家以服务当地居民为主的咖啡馆。室内是温暖的钨丝灯、木质的装潢设计，随处摆放着各种小物和盆栽，还有可随手翻阅的生活杂志。坐在这样的环境里喝咖啡，感觉就像时光停滞在许久以前。

这里的餐点很受欢迎，简简单单的一份主菜、五谷饭、酱菜和汤的搭配，就能带来令人满足的午餐时光。店里温馨而不嘈杂，吧台的一侧是厨房，不过店家特意将隔板加高，不能轻易看见厨房里忙碌的店员。不受打扰的京都时光，几乎每日都在此上演。

031
咖啡馆

简洁！历史建筑旁的人气潮味咖啡馆

Arabica Kyoto

Arabica Kyoto 东山店 📷

地址：京都市东山区星野町 87-5
电话：075-746-3669
营业时间：8:00-18:00（不定期停休）

Arabica Kyoto 岚山店 📷

地址：京都市左京区嵯峨天龙寺芒之马场町 3-47
电话：075-748-0057
营业时间：8:00-18:00（不定期停休）

[图说]
Arabica Kyoto 以白色为整体基调，临河的岚山店（右）视野佳，东山店（上）位于八坂通。

Arabica Kyoto 绝不是秘境，其热门程度相当于：来过京都而没喝过他们家的咖啡就落伍了。咖啡店的选址也很特别。Arabica Kyoto 的第一家店位于东山区的八坂通上，斜坡的尽头就是法观寺，而且两旁也尽是古色古香的建筑和商家店铺，唯独 Arabica Kyoto 以纯白的简约现代风格独立于其中。总是溢出店外排队的购买人龙，在街道上显得非常醒目。他们的第二家店开在风景名胜岚山的保津川河畔，一眼望去就能欣赏到山水一色的美景。

Arabica Kyoto 的这两家店都不大，东山店仅有一张可以内用的大桌，而岚山店只能外带，但即便如此，魅力仍丝毫不减。Arabica Kyoto 以咖啡拉花闻名，首席咖啡师山口淳一曾获得世界拉花冠军。这里的豆子不仅来自夏威夷知名的咖啡庄园，并且都是自己烘焙的。此外，纯白的咖啡机和工作台与打扮入时的冲泡师，都和京都的风情大异其趣。和许多咖啡店不同，这里从早晨 8 点就开门迎客了。

百年老铺与忘记忧愁的好心情

[开化堂第六代传人] 八木隆裕 | YAGI TAKAHIRO

[上图]
受访者：开化堂第六代传人八木隆裕。

在京都有没有一些地方，就像吞下特效药，一造访便让人觉得身心舒畅，有如醍醐灌顶？如果有，又会是怎样的地方呢？

我把这个充满好奇与疑问的题目交给了八木隆裕。如果问他是谁，光以京都人来定义他绝对不够精确。应该说，他是创立于 1875 年、全日本生产手工茶罐历史最悠久的京都老铺"开化堂"的第六代传人，是地地道道的京都人。

40 岁出头的八木隆裕，无疑可以成为这个题目的最佳解答者。不仅因为他身为千年古都居住民的身份，还因为接手老铺的他经常游走世界各地，眼界开阔，会有更多的比较基准。此外，直觉告诉我，无论是他还是开化堂生产的产品，都散发着质朴的气质。那是一种表面看上去没什么特别，实际却很有内涵的格调，给人一种自在又舒畅的体验。

Kaikado Café
OPEN
• Coffee 750yen • Tea 700yen
10:30 - 19:00 (L.O. 18:30) 木曜定休

Kaikado Caf

　　果然，八木隆裕似乎不费吹灰之力地交卷了。他告诉我，这些地方他常去，并不是因为那些地方很时尚，而是去了会很放松。

　　仔细推敲这份推荐清单，的确很有"八木感"。寺庙、咖啡馆、餐厅、酒吧，第一眼给人的印象并非光彩夺目，但仔细研究，就会发现其中有着许多惊喜等待被挖掘。到寺庙里坐禅打坐，坐落在市中心却极少被关注的偌大庭园，能收纳京都绝美自然景色的咖啡馆……虽然人未到场，但我身体的副交感神经早已被启动了。

　　美景、京都虚无缥缈的禅、京都人引以为傲的历史人文遗产，这些都促使我一直在思索，是什么让这些形态各异的景点散发出共同的气质？

　　直到和八木隆裕进行访谈时，我才豁然开朗。那就是京都的"多样性"。八木隆裕在谈到自家老铺时说，日本信奉神道教，属于多神教，他们尊重万物，水有水神、石头有石头神、山有山神……因此整个社会在同一时空里是多元化的。而在京都更特殊的是，散布在京都街道巷弄的老铺代表了另一种"因历史纵深所展现出的多样性"。两股多样性交织在一起，正是京都的迷人之处。

　　在选择推荐清单时，他也很注重多样性的呈现。比如咖啡馆，他特意推荐了一明一暗两种迥异的风格；同样位于鸭川畔，清新明亮的咖啡馆和复古昏黄的酒吧可同时在列。关于寺庙，他推荐的是或坐禅打坐，或吃早斋的好去处。这就是京都多样性带给人的惊喜。

　　而要说这些景点让人心旷神怡的共通之处则是安定感。走进鸭川畔的咖啡馆，透过落地玻璃望见潺潺水流、河堤上随风摇曳的树叶，虽然寂静无声，却能让人实实在在地感受到被大自然层层包围、浸润的安定感；踏上木结构的寺庙建筑，踩着留下岁月痕迹的木地板，那份丰富的肌理感也同样具有安定心神的作用。

　　京都丰厚的安定感有如泉水源源不绝。很重要的一点在

不过客人还会拿着祖母买的茶罐来维修。这已经不只是一种单纯的买卖关系了，而是充满了人情和传承之美。

于，像开化堂这样传承了数个世代的老铺，是支撑这股力量的中流砥柱。无论时代的巨浪如何汹涌澎湃，这些被冲刷后存活下来的老铺显得更加沉重稳健。

少了他们，这座城市也就少了灵魂。

八木隆裕并不讳言，传承老铺的精髓是莫大的考验。纯手工打造一直都是开化堂引以为傲之处，一个茶罐有130多道工序，他花了十年时间学习基本功才掌握个中关键，而且几乎都是看不见的细节。好比盖子和茶罐的密合度究竟怎样才算合格？这里没有参考数据，也不能用尺子度量，唯一靠的就是日积月累的经验。至今，经他手做好的茶罐仍会交给父亲转动盖子和筒身来看看是否太紧或太松。

这里也曾承受工业革命的考验。曾经有很长一段时间，几乎所有产品全盘实行机械化，开化堂被认为跟不上时代的脚步而乏人问津。当时，他的爷爷不得不在店铺前经营起卖药的副业，来弥补一落千丈的茶罐生意。八木隆裕说："了不起的是，爷爷并没有放弃手工制作茶罐。倘若他放弃了，这种手工制作茶罐的技术就不会流传下来。"

什么该变？什么无论如何也不能变？改变的结果是失去灵魂还是脱胎换骨，这对老铺来说，如此困难的决定随着时代更迭永远都会存在。

开化堂的茶罐，其最经典之处就是当盖子放到罐口时，盖子会自动滑落，不会太松又盖得紧密，恰到好处。外人不知道的秘密还有，近期他们又调整了盖子和筒身之间非常微小的空隙，做得比以前更宽松了一点。他们反复观察发现，和老一辈人喜欢拿盖子顶端的习惯不一样，现代人喜欢拿盖子的中下段，这会影响盖子滑下的顺畅度。

开化堂如今需要应对的问题是，日本人口数量减少、市场不断萎缩。因此从2010年起，这位大学主修英文的第六代主人积极地向海外开疆辟土，现在在英国、美国、中国等地，都可以买得到开化堂的商品。而且除了经典的日式茶罐外，他们也做英式红茶罐、意大利面罐，甚至咖啡豆罐，俨然要拓展到

[上图]
开化堂主力商品铜制茶筒。

所有储物的容器。形式虽然变了，但依然是百余道工序纯手工打造。

有一件事令人由衷感动，他们并没有忘记曾经支持过他们的老顾客。八木隆裕说，不少客人还会拿着祖母买的茶罐来维修。这已经不只是一种单纯的买卖关系了，而是充满了人情和传承之美。说话间，八木隆裕起身拿起了几个开化堂的茶罐，银色、银色上布满纹路、黑色……这种颜色的变化不是因为款式不同而导致的，而是经历过岁月的洗礼，镀银茶罐氧化的结果。我眼前的一只茶罐虽然已是暗黑色，却充满着力量和润泽，据说已使用了 100 年之久。

从夺目的亮银色到深黑色正如京都一样，经过时间的洗练，越见沉稳与丰厚。

开化堂

032
商店

开化堂 🔘

地址： 京都市下京区河原町六条东
入
电话： 075-351-5788
营业时间： 9:00-18:00（周日、
节假日休息）

033
咖啡馆

苹果设计师催生无敌河景咖啡馆

efish Cafe

efish Cafe 🔘

地址： 京都市下京区木屋町通五条
下西桥诘町 798-1
电话： 075-361-3069
营业时间： 10:00-22:00

[图说]
在 efish 吃甜点喝咖啡，鸭川对岸
的绿荫、河景一览无遗。店里也贩
售生活杂货。

除悠悠历史和文化外，京都最迷人的，还有无处不在、唾手可得的大自然。懂得生活的京都人还把花草、树木、石头、水等元素搬进自家庭园。然而最奢侈的，莫过于浑然天成的大自然美景就在窗户外头。位于京都鸭川畔的 efish 就有这个独特之处，偌大的透明玻璃墙面将室外风光尽收眼底。然而从河的对岸、五条大桥前往的路上，efish 陈旧的外观看起来并没有什么特别。可是一坐到八木隆裕口中最棒的靠近河岸的临窗座位，感受马上变得不同。看到波光激滟的河水缓慢向前流动，河对岸种植的绿荫轻柔地摆动，远处小山舒缓地起伏，整个人便顿时放松了下来。

这是间充满现代设计感的咖啡馆，老板西堀晋曾是苹果公司的知名工业设计师。店里还有空间陈设售卖各式杂货。

efish 的轻食不仅颇有特色，也很多元，从秋葵豆子咖喱、三明治到日式甜点应有尽有，真是既可以喝咖啡又能转换心情的好地方。

034
咖啡馆

老房子里的治愈系咖啡

Café Bibliotic Hello

Café Bibliotic Hello

地址：京都市中京区二条柳马场东
入晴明町 650
电话：075-231-8625
营业时间：11:30-24:00

很难想象，京都人爱喝咖啡的程度超过抹茶、绿茶。而且，京都还是全日本咖啡量消费第一的城市。可是颇为吊诡的是，要想随时随地在京都喝到咖啡并不是那么随心所欲。不少咖啡馆开门的时间又晚又短，经常快到中午才开始营业，晚餐时段就关门了。Café Bibliotic Hello 正是这样一家咖啡馆，在它开门前早已有人在门口等候，开门后没多久马上就高朋满座。

这是八木隆裕口中"最暗的咖啡馆"，虽然有着几乎是整面墙的透明落地玻璃，不过因为外面种着稠密的高大绿植，光线仅能暖昧、隐约地透进屋内。荫翳感和咖啡馆老屋可谓相得益彰，毫无违和感。室内是上下两层，中间是挑高的大厅，空

间布局有一定的趣味性，从一楼望向屋梁和从二楼向下看各有不同的气氛。

Café Bibliotic Hello 和京都为数不少的咖啡馆一样，供应水平很高的餐点。一份香煎鸡腿，皮焦脆，肉软嫩，搭配罕见的大颗籽芥末酱。更让人惊喜的是，一旁附带的时蔬多达八种，充分显示了京都野菜的丰盛。

好食物、好空间，就连播放的音乐也恰如其分，治愈感油然而生，令人迷恋。另外，就在与咖啡馆相通但拥有独立出入口的隔壁，是同一个老板开的面包店及艺廊，有机会也可顺道参观。

百年老铺的成熟风咖啡馆

035
咖啡馆

Zen Cafe

Zen Cafe 🌐

地址：京都市东山区祇园町南侧
570-210
电话：075-533-8686
营业时间：11:00-18:00（周一休息；逢节假日营业，隔日休息）

这是一家开在祇园花见小路上的咖啡馆，幕后的老板是祇园一家创立于 18 世纪的果子老铺键善良房的老板。只不过，这家以京都禅精神命名的咖啡馆，走的是现代简约风，与宽敞老店的古典风格大不相同。

老店跟随时代推出新式咖啡馆，自然好评不断，座位数有限加上每日只营业 7 个小时，店门口经常大排长龙。走进店里，空气中弥漫着一股沉静优雅的氛围。正如八木隆裕所说："这个空间更具有沉稳的气氛，让人安静到不想讲话。"

咖啡馆里最引人注目的莫过于由一整块长木板做成的低矮吧台了。吧台仅六个座位，面对着一面以透明玻璃开了长方形框景的墙壁，清水模围起的空间内种植的松树与低矮蕨类清晰可见。

虽然风格和老店截然不同，Zen Cafe 在空间中所展现出的艺术感则和老店如出一辙。无论是挂在墙上的花瓶，还是用来装和果子的盘子，都是一时之选，不乏当红艺术家作品。这里也提供老店大受欢迎的黑糖葛切与季节果子，无论是搭配抹茶还是咖啡都能让人享受一个美好的午后。

036
寺庙

欣赏日式木构建筑的恢宏
东本愿寺

东本愿寺 🚇

地址：京都市下京区乌丸通七条上
电话：075-371-9181
开放时间：5:50-17:30（3-10月）；
6:20-16:30（11月至次年2月）

　　东本愿寺实在是一个消磨时间的好去处，犹记得十年前第一次造访京都，在离开前等火车的1小时空当，我就是坐在东本愿寺又长又宽的长廊上度过的。这里空间开阔，视野通透，木头彰显出的纹理与时间感绝对是放松身心的理想好去处。虽然东本愿寺近几年进行大规模整修，经常看不清其真正面貌，不过阿弥陀堂的整修已于2016年春天告一段落，访客又能一窥东本愿寺的恢宏气势了。

　　对八木隆裕来说，东本愿寺是个很日常的逗留之处。小时候，祖父带着他去那里溜达，而现在则是他经常骑着单车载儿子去。据他说，秋天时节的银杏树、蓝天再加上本殿的颜色，就是此地最美的画面。在我看来，这样的组合不仅是美而已，更是京都的颜色之一，清透中带着明亮。东本愿寺还有一处鲜为人知的神秘空间：参拜接待所。它隐秘地藏于地下，透着神圣气氛，值得一访。

大隐于市中心的幽幽庭园
涉成园

涉成园 ⑱

地址：京都市下京区下珠数屋町通
间之町东入东玉水町
电话：075-371-9210
开放时间：9:00-17:00（3-10 月）；
9:00-16:00（11 月至次年 2 月）

涉成园绝对是一处少有人知的京都秘境。一般的秘境通常地点偏僻，但隶属东本愿寺的涉成园就在京都火车站附近。站在园内，即可感受到附近的现代化高楼包围着这片五万余平方米的绿地，京都塔近在咫尺。不仅如此，根据多次前往的经验，参观游客屈指可数，散步其中，能自由自在地独享庭园美景。

这里是一座池泉回游式庭园，也就是说，顺着参观路线可以将整个庭园绕上一圈。拱桥、水池散布各处，加上茶室、书院等共同构成涉成园十三景。刚步入其中，当即便能看到一处著名的"高石垣"，是由础石、石臼、山石等不同形状、大小的石头堆起的一面墙。

据说，涉成一词的来源取自中国诗人陶渊明的《归去来兮辞》。园内植物种类多样，一年四季都有花可赏，3 月梅花、4 月樱花和茶花、5 月莲花、6 月杜鹃……

038
寺庙

体验日式坐禅的奥秘与科学

妙心寺·春光院

妙心寺·春光院 ⓦ

地址：京都市右京区花园妙心寺町
42
电话：075-462-5488
开放时间：不对外开放，每天
仅限三个时间段开放坐禅体验
（9:00-10:30、10:40-12:10、
13:30-15:00），前两个时段无须
预约，下午时段五人以上需预约。
会依季节调整时间，建议事先电话
或上网确认。

　　京都为数不少的寺庙是和尚僧侣修行之处，这也是外人造
访时往往能感受到禅意与清幽感的原因。为游客提供坐禅体验
的妙心寺春光院则更让人贴近寺庙生活。很特别的是，来这里
体验坐禅的半数以上都是非日籍的游客，全是冲着不必懂日文
而来的外国人。因为出生在春光院的副住持川上全龙曾留学美
国，娶的是美籍妻子，曾以英语在某论坛发表演说，解释坐禅
种种，还引用科学研究作为支撑。

　　一个半小时的坐禅体验，大致包括三个阶段：约30至40
分钟的讲解和两段坐禅、30分钟的春光院和庭园导览、抹茶
和果子品饮时间。当所有人坐在圆形坐垫上，为了让盘腿的脚
低于腹部而努力时，川上全龙开始讲解坐禅的姿势、呼吸方
式，以及怎样坐禅冥想才能让人平静。"吐气时身体会放松，
所以要比吸气时间略长一些。""坐禅20分钟，脑中的含氧量
会降至与睡眠6小时相同的等级，身体会感到放松。"这些说

明都是为了道出坐禅冥想的重点："没有判断评论，不想过去，不想未来，只专注在当下。"

第一段20分钟的坐禅冥想，当我坐在窗明几净的榻榻米上，闭着双眼、专注一吐一吸的当下，我真的感觉到寺里的鸟鸣和微风吹拂的声音渐渐清晰，虽然盘着的双脚也渐渐出现麻痹感。

相较之下，第二段5分钟的坐禅就容易多了。这是川上全龙的策略，他鼓励大家在任何时间、任何地点，通过坐禅冥想，用短短5分钟找到自己内心的舒畅与平静。

春光院的"哲龙窟"还提供住宿服务，不少外国人居住在此。需要提醒的是，妙心寺内面积很大，划分为许多不同的分院，若要前往春光院最好事先研究好地图，以免迷路。

清早静坐和早斋的双重享受

039
寺庙

建仁寺·两足院

建仁寺·两足院 Ⓜ

地址：京都市东山区大和大路通四条下 4 丁目小松町 591 建仁寺山内
电话：075-561-3216
开放时间：体验时间需要上网查询、预约

或许由于建仁寺的名声过于响亮，旗下两足院的风采便略显黯然。京都最古老禅寺之名的建仁寺就坐落在京都祇园地区，不管是潮音庭还是寺内的风神雷神图都大名鼎鼎。两足院就在建仁寺内，有着"半夏生"之寺的封号。半夏生是一种植物，每年 6 月中旬至 7 月中旬在庭园内开满白花，颇为壮观，已入选京都绝景。

为了寻找畅快的好心情，我按照八木隆裕的推荐，焦点全不在这些花花草草上，而是去体验坐禅冥想。只不过贪食的我替自己额外加码，选择的是坐禅和早粥的体验。8 点不到，祇园的巷弄里静得让人难以想象其夜里的喧嚣。和妙心寺春光院的坐禅不同，来参加的清一色都是日本人。

两足院的坐禅体验感受最特殊的便是，副住持伊藤东凌手拿着称为警策的长木棍，从参与者两肩向背部拍打。坐禅开始前副主持就特别嘱咐，在进行这项仪式时，一定要双手交叉抱胸，头向前倾低下。

闭眼坐禅过程中，啪——啪——声响不绝于耳，有如拿皮带鞭打地面的声音。原本以为只是某项仪式，偷偷张开眼一看才发现，那声响真的来自木棍拍打背部！没错，木棍不是轻拍，而是重重打下毫不手软。原来，这样的仪式是为了去除、纠正内心的杂念。事后，挺着略痛的背部看看那挂在柱子上的警策，上头可是写着：本来无一物。

最后的早粥是所谓的"精进料理"素食，是为许多寺庙提供精进料理的老店矢尾治所制作的，菜色包含粥、豆腐、酱菜、炖菜等。伊藤东凌说，为求不浪费，碗里的粥要吃得一干二净，通常要用一块酱菜把碗内刮得光溜溜的才行。

赏花溜小孩的绝佳场所

梅小路公园

梅小路公园 ⑮

地址：京都市下京区观喜寺町
56-3
电话：075-352-2500
开放时间：无限制

　　和京都多数景点不太一样，梅小路公园是新建的景点，1995 年开园，2012 年增加了京都水族馆，从京都火车站步行 15 分钟可达。不过该公园的面积可不小，走完一圈得要半小时到一个小时。想要找一个接地气的地方，来这里准没错。公园里几乎都是日本人，不少人携家带眷或坐在草皮上，或四处散步，或玩接投球等运动，也有学生在此排练舞蹈。这里似乎是当地人日常活动的场所。要问八木隆裕为何推荐此处，原来他是考虑到亲子游的人，他说："在京都，可以让小孩子轻松畅玩的地方并不多。而这里开阔的空间和草地是很能让亲子阖家放松、尽兴的地方。"

　　其实梅小路公园也可以很具有大人味：这里有四季轮替的花卉可以观赏；浅浅的小水流旁绿荫遮蔽，有人坐在树下水边看书、野餐；每月第一个周六，这里有手作市集；铁道迷也能在这里获得满足，因为其邻近京都火车站，公园的一角可以近距离看到铁道和进出交错的列车。

041 餐厅

不懂日文也能吃遍京都家常菜

登希代

登希代 ⓘ

地址：京都市东山区绳手通新桥上
元吉町 42
电话：075-531-5771
营业时间：17:30-22:00

同样是餐厅，为什么登希代会带来好心情？带着这个疑问，我前往京都精华区祇园，顺着手机里的地图找到登希代。没有华丽的招牌与外观，掀开暖帘拉开门，迎接我的是一声上了年纪的"欢迎光临"，柔软却不失温度与力量。略带昏暗的房间，仅仅两张小桌、一间包厢和一个 L 形吧台，这家开了 30 年的餐厅卖的不是什么名贵料理，全是"妈妈做的家常菜"。

最吸引人也最让人享受的是京都人喜爱的"御番菜"（意指家常菜）。登希代的吧台上必定摆着数个大盆装的菜色，有点类似中式盆菜。菜式绝对家常，如土豆沙拉、筑前煮、佃煮南瓜、可乐饼等。先点杯啤酒或清酒，完全不用读懂菜单，只需伸出手指点一点，就能尽情享用这日式妈妈菜的味道。虽然菜色简单算不上大菜，但是萝卜炖得恰巧入味，软嫩适中、豆腐花枝煮得鲜美，足以让人直对着老板大喊："喔依稀！"

042
餐厅

小店的温柔怀石料理

なか原

なか原（Nakahara）⑪

地址：京都府京都市东山区祇园町
北侧 286-5
电话：075-551-5215
营业时间：11:30-14:00；
17:00-22:00（周日、节假日休息）

在餐厅密集的祇园，若没有带路人或推荐，最好不要随便进一家餐厅。这是一位京都朋友的看法，理由是消费可不低。对我来说，倒不是因为价格而却步，实在是这边的店家多如牛毛，无从选起。好在八木隆裕供出自己的爱店之一——"なか原"。这是位于祇园北侧的日式怀石料理，年仅十岁。和京都不少餐厅一样，这里并不大，只有吧台的六个座位和一张矮桌而已。店里没有外场服务人员，靠的是主厨中原悟和一名助手。这种随意感让人在享用怀石料理的同时也去除不少拘谨。

从开胃小菜、生鱼片、汤到烤鱼、炸物、煮物，端出的每道菜都可以品尝到丰富的层次，而且余味悠长。这里的关键应该在于日式料理基础中的基础——高汤。询问之下，中原悟特地向我秀了一下那锅清透的高汤。日本料理调和、整合味道和食材的秘诀就是依赖高汤。我后来还在笔记本中写着："高汤带给人直接的感动，那是很有深度的高汤。"

随着四季更迭而变化，是京怀石最令人津津乐道之处。这家也不例外，每个月便更换一次菜单。春季的鲷鱼、夏季的海鳗（日文写作鱧鱼）、秋季的松茸……我去的时候，正是海鳗当季，除了海鳗生鱼片、海鳗押寿司，我还尝到一种只用火烤几秒，然后立刻摆到冰块上冰镇的海鳗，尝到了同一种食材的多种吃法。

"なか原"给我带来了一次愉悦、轻松的用餐体验，坐在吧台的我，看着主厨的这些临场"演出"，偶尔也和主厨用简单的日语聊聊天。令我感到讶异的是，中原悟虽然生活在京都，可是压根儿没有赏过樱花。"怎么可能？"我不可思议地脱口而出。中原悟说，他的生活只往返于住家和餐厅之间。可见这餐美味，绝对不是偶然。

老屋里的治愈系酒吧

043
酒吧

K 家别馆

K 家别馆 ⓘ

地址：京都市麸屋町通三条上下白山町 297
电话：075-255-5244
营业时间：17:00- 凌晨 2:00（周三休息）

我对于能进到京都老房子里，一直都有种向往之情，而且再多也不腻。那是对于时光和岁月痕迹的一种倾慕，内心获得安定的一种方式。京都老房子再"活化"的案例实在不少，如若未曾真正进入京都老房子，便永远也无法想象里面是什么样的世界。从外观来看，K 家别馆算是极具反差的一处老屋再生，整体为日式风格，如日式木隔纹大门、围墙、屋檐等，但又有着一块现代简洁的白色招牌，上面写着酒吧 K 家。

在沉稳中略带昏暗的房间里，吧台座位是很棒的位置，只要稍微抬头就能欣赏到挑高的空间和房梁结构，暗咖啡色的木头更衬托出这里的沉静。整个空间里没有多余的装饰和杂物，双眼很容易聚焦在建筑本身与食物上。啤酒、清酒、调酒、红白葡萄酒及下酒小食应有尽有。八木隆裕说，这里营业到凌晨，是很具有大人味的地方。不知是老屋的氛围使然，还是什么原因，这里明明是一家酒吧却一点也不嘈杂，反倒弥漫着一股寂静，很适合三两好友或情侣一同前往。

044
酒吧

鸭川畔的洋味小酒馆

Sent James Club 本店

Sent James Club 本店 ⓘ

地址： 京都市下京区西石垣四条下
斉藤町 140-19
电话： 075-351-7571
营业时间： 19:00- 凌晨 2:00（周
日 17:00 开始营业，元旦休息）

同样可以小酌，但这里和沉稳内敛的 K 家别馆简直有着天壤之别。Sent James Club 店如同其名，充满了浓浓的洋味，奔放不少。Sent James Club 坐落在京都夜生活最精彩的区域——四条河原町，且就在鸭川一侧，因此每年 5 月到 9 月，还可以在搭建的户外川床上小酌。在昏暗的几乎没有太大光线的河床上方，月亮就是光照来源，别有一番雅致风情。

红砖、黑铁、昏黄的灯光，整体空间的氛围具有强烈的工业风。Sent James Club 在京都已开设 20 年之久，算是当地老牌。有趣的是，即便外貌打扮再怎么充满洋味，这里还是不时流露出骨子里地道的日本味，吧台后方的玻璃杯就是典型的日本哨子工艺品；酒单当中也有随四季变化推出的主题调酒：春天的樱、夏天的清凉、秋天的栗与柿、冬天的暖。

小巧京都的侘寂
与民艺

[Shikama Fine Arts 店主] 　四釜尚人 | SHIKAMA NAOTO

［上图］
受访者 :Shikama Fine Arts 店主
四釜尚人。

［下图］
四釜尚人艺廊的招牌朴实可爱。

一直以来，侘寂是外人欣赏京都之美，甚至是日本文化中不可或缺的一部分。严格来说，若是没有亲身体验过侘寂，存在于你脑海里的京都也许就不那么京都了。

侘寂遍及京都大小场所，却也不容易被看见，毕竟比起华丽炫目的呈现，消沉且带点残缺感的侘寂在视觉上并不夺目，也不讨喜。

就好比想要去欣赏似锦繁花却突遭大雨侵袭。雨天大概是所有旅客最厌恶的天气，没有艳阳与蓝天，不仅整个城市一片灰蒙蒙，还浑身湿漉漉，甚至刚才还娇艳欲滴的樱花突然便在无情的落雨中香消玉殒。然而，或支离破碎成片片花瓣，或整朵花苞陨落，都有种凄凉之美。这种对生命逝去的感伤，就是侘寂之味。

又好比古寺里冻结时间的元素。古寺里的侘寂多半不在于宏伟的建筑结构，而是隐于微小事物之中：一根满布锈斑的钉子、一块经历风霜的木板、一片掉落在枯山水的落叶。我们感叹时间的流逝与虚无缥缈，却也在这些细微之处目睹了时间逝去的轨迹，美也就在其中展现。

侘寂究竟是一个什么样的生活美学，又为什么发源于茶道，然后全面影响着日本的文化，最后融入日本人的生活之中？在京都经营艺廊的四釜尚人成了我的访问对象。

曾经留学英国、主攻艺术史的四釜尚人在回到日本后一直从事和艺术品买卖相关的行业，但背后更大的动力，则是他想成为日本文化和外国人之间的桥梁。2007 年，他在京都市的城区中心开设了 Shikama Fine Arts，这个小到只有十几平方米的艺廊，纵使有两面落地玻璃墙，室内也依然保持着昏暗的格调，逐渐变成了被日本文化和生活艺术围绕的小天地。

原本以为诠释"侘寂"这个主题对他而言易如反掌，没想到，这个主题不仅对外人来说是个难题，对日本人也是同样。在反复沟通过程中，四釜尚人甚至表示："侘寂的意义很难解释。这是一个难度相当高的主题，想法和结论都会因人而异。"

这和研究侘寂的作家李欧纳·柯仁在《Wabi-Sabi: 给设计者、生活家的日式美学基础》开篇提到的观点不谋而合："如果问起 Wabi-Sabi 是什么，大部分日本人都会摇头、踌躇，并会为其难以解释的窘境挤出几句抱歉。虽然大多数日本人声称他们了解 Wabi-Sabi 的感觉，毕竟它属于日本文化的核心之一，但极少有人能好好说明这种感觉。"

最终，四釜尚人用着"很侘寂"的方式——简单中带着无限想象的说法，向我解释道："一般来说，侘寂带着稳重、古朴之感，视觉上也格外简洁。"就像被视为侘寂始祖的茶圣千利休，他将茶室改为古农家的草庵式建筑，并限制为两叠榻榻米大小，移除不必要的装饰，尽可能不受任何干扰。

越简洁，所能运用的素材越少，也就意味着样样都是关键。可以说，越简单越难。李欧纳·柯仁在上述作品中解释了

把菜盛装在有质感的器皿中
并非很奢侈，
但菜却会更好吃，心情也会更愉快，
更会带来心灵满足。

这背后的精神价值所在，可以理解为"安贫"。他说："安于贫困，也就是有意识地基于自己的选择拥抱贫困，并且欣赏其中的美……"

四釜尚人提醒说，除了因人而异，在经过三四百年的演绎之后，人们对侘寂的理解也会随之改变。就像后来出现"漂亮的贫寂"（绮丽さび），就是跳脱了原本略带陈旧、清瘦的格调。

对于侘寂，四釜尚人并未侃侃而谈，但对追求生活之美的民艺，他可有满腹的经验之谈，因为这正是其艺廊的经营重心。每年除了常设的展览外，两次特展也都围绕在民艺上。这个由民艺运动之父柳宗悦发起的倡议，特别指来自民众的工艺，格外强调"庶民日常生活当中展现的美丽的东西，多半没有太多装饰，而且相当实用"。这些美感的来源，不像美术品高高在上，只是一些寻常日用的物件。

他举例说，同样吃一顿饭，把菜肴随便盛装在普通器皿中，和摆在富有美感且实用的器皿上，气氛可能天差地别。而且把菜盛装在有质感的器皿里并非是奢侈的讲究，但是这样吃饭时心情会更愉快，也会觉得菜肴更加好吃，会带来更大的心灵满足感。这也解释了为什么一顿怀石料理会使用很多大大小小的器皿，不仅有竹叶、枫叶、樱花等自然元素作为装饰，还要随季节更换。

这正是京都的风雅之所在，也是四釜尚人选择落脚京都的原因。四釜尚人在京都经营艺廊之前，就经常带着客户穿梭在京都的大街小巷。他形容整个京都为一间巨大的博物馆。除了双眼所见尽是历史文物外，还能亲身去体验。就拿京都的古董来说，有大有小，如茶道用具、生活器具等这些小物件，一般人也很容易入手，进而拉近了人与古董之间的距离。甚至为数不少的餐厅以选用古董器具为风尚，完全不会因为其为古董而束之高阁。

不光是小物件多，因历史原因给人以博大、厚重印象的京都，事实上却拥有着极佳的尺度——小巧而细致，这也是许多人喜爱京都的理由。四釜尚人说，京都的大小刚刚好，特别适

合生活，无论是骑脚踏车还是走路都很舒服。就连城市里的店家也如此，相比东京以连锁店居多，京都规模不大的小店反而是主流。

大多数人或许会觉得，一家仅仅不到十个座位的咖啡厅、餐厅，该怎么经营？但正是因为他们努力呈现自己的特色，专注把每个细节表现到位，才得以让生意源源不绝，细水长流。

小巧京都，其实一点也不小，因为处处都有一个世界：榻榻米上一碗满布气泡的抹茶盛装在修补过的茶碗里，是侘寂的风景；日常使用的器皿中，有民艺的精神。

045 艺廊

Shikama Fine Art

Shikama Fine Art ⊙ ⊙

地址：京都市中京区姊小路通富小
路东入南侧黄瀬大厦1层
电话：075-231-4328
营业时间：周六、日 13:00-18:00
（周一到周五不定期休息）

....

046 寺庙

经典京都味结合现代风枯山水

东福寺 · 方丈庭园

东福寺 ⓜ

地址：京都市东山区本町 15 丁目
778
电话：075-561-0087
开放时间：
4-10 月：9:00-16:00；
11 月 -12 月初：8:30-16:00；
12 月初 - 次年 3 月：9:00-15:30

　　提到东福寺，最先映入脑海的是枫红。作为赏枫名地，每年 11 月都会有大批游客慕名而来，寺院不得不提前开门。这时的东福寺便成了人潮涌动的喧嚣场所。若避开这短短一个多月，如同天与地的差别，这里就是个静默寂寥的场所，是四釜尚人推荐的京都侘寂味之一。你若曾经历过明丽灿烂的数千株枫红及涌动的人潮，就会更明白这种洗尽铅华的孤寂感。

经常带朋友造访的四釜尚人说："那时寺内经常只有我们一组人，就像是包场一样。"他很享受不受干扰地坐在方丈建筑里欣赏充满侘寂感庭园的感觉。著名庭园设计师重森三玲在方丈建筑的东西南北角各建了一个枯山水庭园，用细砂、石头、植物等元素来描绘具象的海浪、山，还有天上的星星。这四个庭园在京都算是年纪轻的，1939年才完工，除了符合寺庙建于镰仓时代的刚健风格，也糅合了现代特色，最有名的便是北庭以方石和青苔组成的棋盘纹路。5月是另一个造访的好时机，此时人烟寥寥，东福寺则有刚长出的"新绿"枫叶可赏。翠绿清透，搭配着洁净的蓝天，给人以清爽新鲜的生机勃勃之感。

茶会常见的淡雅滋味

麸嘉麸馒头

麸嘉本店 ⊙

地址：京都市上京区西洞院堪木町
上东里辻町 413
电话：075-231-1584
营业时间：9:00-17:00（周一休
息；1月至8月最后一个周日休息；
另，如需在本店购买商品请提前预
约）

麸嘉锦店 ⊙

地址：京都市中京区锦小路通堺町
角菊屋町 534-1
电话：075-221-4533
营业时间：9:30-18:00（周三17:
30 结束营业；周一休息；1月至8
月最后一个周日休息）

　　麸是京料理中不可或缺的元素，多见于煮物或汤品中，不但有装饰作用，软中带黏的口感还颇有几分趣味。麸其实是将面粉中的淀粉洗去后剩余的蛋白质，如同我们熟知的面筋。在京都提到麸，麸嘉的名声非常响亮。除了在京都御苑附近的本店外，另有大家熟知也较容易到达的锦市场店。四釜尚人说，不少日式茶会都会选用麸嘉的"麸馒头"。

　　比起锦市场店，麸嘉本店更具京都特色。该店铺是有180多年历史的木结构建筑，店外悬挂的布帘是一个手绘脸谱，一旁写着麸的日文拼音：FU-KA。但是这里不是零售店面，只能预订，之后再来现场取货，算是一种新奇的和风体验。

　　麸嘉制作麸的过程，依靠的是职人的经验、手感。他们专门使用了滋野井的井水，这是美味的关键。麸馒头用竹叶裹着，打开后浅绿色的麸看上去清爽光滑。一口咬下去，里面包着红豆馅，味道淡雅。近年来，麸嘉也做了不少创新，如罗勒（植物的一种，味似茴香）、西红柿等很具挑战性的口味。

048
博物馆

在安藤忠雄设计的建筑里近观莫奈睡莲

朝日大厦大山崎山庄美术馆

朝日大厦大山崎山庄美术馆（アサヒビル大山崎山庄美术馆）

地址：京都府乙训郡大山崎町钱原5-3
电话：075-957-3123
开放时间：10:00-17:00（周一、年末休息，若周一逢节假日则隔日休息）

　　什么才算开发？保留并修复旧有的建筑，可否算作一种开发？从朝日大厦大山崎山庄美术馆络绎不绝的访客便可看出，善用先人留下的资产也是一种可再利用的开发。这座美术馆并非建在京都市区，而是位于需乘15分钟电车才可抵达的京都府山崎。这里为英伦风格的木结构建筑，曾经是企业家加贺正太郎的别墅。在他过世后，别墅几经转售，但是年久失修逐渐破败，还一度经历过拆除、改建风波。好在和加贺家有渊源的朝日企业接受了京都府和大山崎町的请求，接手管理，才有了今日美术馆的面貌。

　　一座美术馆和京都的侘寂有何关联？四釜尚人推荐的理由是，首先就整体而言，美术馆坐落于山上给人一种隐蔽感，流露着自然的静谧气氛。其次是因为著名建筑家安藤忠雄所设计的两栋半地下建筑——地中宝石箱、梦之箱。地中宝石箱是典型的安藤忠雄清水模建筑风格，灰白一片，运用动线的设计原理，人们在进入馆内之前须得先经过一条深入地下的楼梯长廊。这条长廊的尽头和两侧都使用透明玻璃，因此可以边走边

欣赏到户外的一片绿意盎然，但渐渐地，光线就暗了下来，如同沉入海底般，然后就可以进入馆内了。

朝日大厦大山崎山庄美术馆的馆藏同样精彩非凡。地中宝石箱展出多幅印象派画家莫奈的睡莲画作，展位上不设栏杆和红线，也无汹涌人潮，可任凭你慢慢找到最佳的观赏角度。此外，加贺正太郎生前有着兰花梦，也曾建温室栽培各式兰花，还出版过植物图鉴《兰花谱》。这本由雕刻木版印制、有着浮世绘风格的《兰花谱》，如今就陈列在馆内。

美术馆还藏有民艺作品，涵盖绘画、陶艺、雕刻等，策展也颇有新意。我去的时候正有以"植物"为题的展览，看到了同一种植物出现在画作上和呈现在陶器上的美感的差异。

从火车站走到位于山上的大山崎山庄美术馆需要 15 分钟左右，不过美术馆很贴心，有往返的免费班车可作为代步工具，只是需事先看好时刻表。

049 商店

手工植物染再现日本传统颜色

染司よしおか

染司よしおか
（染司 Yoshioka）

地址：京都市东山区西之町 206-1
电话：075-525-2580
营业时间：10:00-18:00

著有《日本颜色辞典》《源氏物语的颜色辞典》等多本研究日本颜色书籍的吉冈幸雄被称为染织史家，是日本颜色研究领域首屈一指的专家。翻阅他的著作，你会被色彩牵引，有如置身美轮美奂的天堂。正如他某本书的腰封上所写的"魅惑的配色、四季的花色"，你会惊艳于颜色的淡雅、细腻与柔和，带着点侘寂的氛围，与浓厚艳丽的颜色大不相同。

染司よしおか是成立于江户时期的手工染织老铺，坐落在祇园区内，吉冈幸雄是染司よしおか的第五代继承者。这是一家很小的店，却是书籍中各种色彩展现的地方，店内摆满了各式各样由植物或贝染成的布料、制作的商品，如皮包、围巾、坐垫、靠枕等。

他们的特色是从花、树木果实、树皮、草根等天然植物中萃取出染料，将布线染色后再织成布料，目的是制作出日本传统的古色。这样的布料何以美得不在话下？原来，植物染出的织线或织成的布料有种与众不同的透明感。四釜尚人说，这不是思想上的侘寂，而是这些布料本身就是侘寂。没有设计感十足的商品架和陈设，这里仅靠着商品的五颜六色就能成为焦点。

050
茶馆

在人气茶铺体验如何泡出一壶好茶

一保堂茶铺喫茶店嘉木

一保堂茶铺喫茶店嘉木 🔄

地址：京都市中京区寺町通二条上
电话：075-211-3421
营业时间：10:00-18:00

这大概是京都古董街寺町通上最负盛名的一家店了，无论是日本人还是国外的游客，店里总是充满生气，门庭若市。专卖日本茶的一保堂也因此而成了体验日本文化的重要一站。

这里不只卖茶叶，也售卖事先用茶壶泡好的外带茶水，没时间停留的游客可以直接带走。若有时间，则可到一保堂的"嘉木"茶室慢慢喝杯茶。该茶室设立于 1995 年，为的是让更多人知道如何泡出好茶。

为了能喝出金黄透亮的煎茶茶汤的美妙滋味，嘉木呈上来的物品可不少：装着热水的保温壶、装着茶叶的茶罐、茶壶、茶杯计时器式时钟、日式甜点。店员耐心地解释并示范如何泡茶，令人想不到的是，最后一滴最为关键。店员说："要把茶壶里的茶水滴到最后一滴，因为这一滴浓缩了美味与精华。"

除了用日本人称之为"急须"的茶壶泡日本茶，用茶筅刷出来的抹茶也是不错的选择，喝完若还想延续这个味觉体验，可以直接去店铺选购。

051
博物馆

民艺陶艺家的宅邸，感受京都的生活样貌

河井宽次郎纪念馆

河井宽次郎纪念馆 🔵

地址：京都市东山区五条坂钟铸町569

电话：075-561-3585

开放时间：10:00-17:00（周一休息，若逢节假日隔日休息；每年8月11日-8月20日休夏日假期，每年12月24日-次年1月7日休冬季假期）

如同京都的深藏不露，接近五条东山的河井宽次郎纪念馆位于仅可容一辆车通行的寂静巷弄内，若不是刻意前往，绝不会碰巧路过。但如果你知道他是谁并且知道这个馆里处处是风景，也会像我一样愿意专程前往。

河井宽次郎（1890-1966年）是常年在京都制陶的陶艺家兼诗人，也是日本民艺运动的艺术家之一，和民艺运动思想家柳宗悦是朋友。这个纪念馆是河井宽次郎于1937年亲手为自己设计的住家兼工作室，无论是外观还是格局，都能一窥京都人的生活空间与居住文化。

主建筑是两层木结构房屋，没有博物馆的拘束感，访客可以随意坐在老旧的椅子上感受这里的时光，就连二楼河井宽次郎自己曾使用的书桌、椅子也是一样。这或许是家族经营的缘故，也或许是要体现民艺运动的重要理念：走入生活。

这里有太多河井宽次郎生前的作品供人欣赏，自不必说，处处有惊喜。值得一提的是，出自木工家庭的河井宽次郎，小到屋子里的把手等细节都由他亲自操刀。后院还有一个曾经烧制陶器的窑厂。通往二楼的楼梯由陶艺家滨田庄司制作。

纵然有窗对着户外庭园，纪念馆里仍弥漫着一股荫翳而浓烈的美感，颜色暗沉，拉近距离细看，就知道这是时光的痕迹，反而给人一种有如冬日之温的感觉。

河井宽次郎是能够把工作和生活结合得很好的人，还曾写下工作之歌："工作只知道前进，工作会有令人意想不到的力量，工作无所不知，只要你工作。"坐在馆内，看着光影在空间中变魔法，想着河井宽次郎的生活，透过民艺感受简单生活，也是种侘寂的体会。

052
咖啡馆

体验国宝木工的座椅与日洋文化交融

进々堂京大前店

进々堂京大前店 🍵

地址：京都市左京区北白川追分町
88
电话：075-701-4121
营业时间：8:00-18:00（周二休
息）

进々堂京大前店曾出现在作家寿岳章子的书中，十几年前我便已按图索骥造访多次。但通过四釜尚人的解说，我对这家咖啡店有了更多了解。其一是，京都出现了以"进々堂"为名的面包店餐厅，很多人误以为是同一家，但其实这两家店毫无关联。其二是店内的风格充满民艺味，里面摆放的座椅是日本国宝木工黑田辰秋所作，距今约莫已有80年，而其所在的建筑却是近代风格。换句话说，这里可以算是日本和欧美文化交会的历史场所。

这里的桌子特别大，虽然人多时要和别人共桌，但这并不会带来不适感，或许就如同四釜尚人所说："这里展现出一种时间移转很慢的侘寂感。"

此地仿佛与外界隔绝，特别是在下雨的日子，一杯咖啡、一本书，静静地待着就是很棒的感觉。

053 景点

制高点鸟瞰京都绝景

大文字山顶

大文字山顶 ◉

交通方式：由银阁寺后方的登山口进入，单程需 40 分钟至一小时。

若没有人专门指点，很难找到位于银阁寺后面的山间小径。这条看起来比较原始的道路，直通东山主峰如意岳的支脉——大文字山。这个名字，和京都由来已久、每年 8 月举办的"五山送火"祭典有关。五山送火的目的是让盂兰盆节时会回到人间的精灵能够顺利返回另一个世界，从而在环绕京都的山头分别燃起"大文字、妙法、船形、左大文字、鸟居形"样的篝火文字。大文字山正是其中一处。

这条深受登山者喜爱的步道长度约为 1 千米，需要 40 分钟左右才能抵达山头，途中有阶梯路，也有较原始的林地。登高望远可以俯瞰整个京都，而收回视线，则可以一睹大文字山上的"大"字篝火是怎样排列出来的。这里已被列入京都绝景之一。不少人推荐瑞雪时节前来，不仅因为空气凛冽清澈，被雪覆盖的京都更有一种沧桑之美。我则趁着夏天傍晚信步而上，从晚霞到京都夜景一次看足。要提醒大家的是，这条步道相当原始，没有路灯，打算看夜景需要自备照明，且最好有人同行。

[图说]
登上"大文字山"除了可鸟瞰京都市（下），也能看到五山送火的"大"字形状（上）。

054
寺庙

赏枫名寺借景远方群峰

光悦寺

光悦寺

地址：京都市北区鹰峰光悦町 29
电话：075-491-1399
开放时间：8:00-17:00

要找到光悦寺其实并没有那么容易，即便已在地图上点出了确切位置，我还是在路上来回走了好几次才找到光悦寺的入口。原来，入口被茂盛的枫树遮掩住，变得有点隐蔽。站在入口，两旁尽是枫树的笔直石道映入眼帘，想必夏天绿色的隧道到了 11 月下旬就变成黄金色隧道了，好不壮观。

这里原是江户时期艺术家本阿弥光悦在德川家康赐予之地盖起的草庵，后来才改成寺庙。走在其中，古朴之意盎然。远方借景鹰峰也是一大亮点，坐在椅子上欣赏山峰如同近在咫尺。

虽然没有处处雕琢，顺着充满野趣的道路而行，似乎也能或多或少地感受到艺术家田园生活的几分侘寂。

以心传心的
京式款待

[近又第八代传人]　鹈饲英幸 | UKAI HIDEYUKI

　　我曾在晚上多次踏入一家位于京都市中心的老建筑酒吧。拉开面对马路的木门,眼前是一条种有绿植的石头小径,尽头才是第二道进入主建筑的门。小径不长,每当我准备打开进入室内的门的一刹那,它就仿佛自动门般从里面被打开了,店员带着浅浅的微笑迎我入内。

　　怎么每次都那么刚刚好,在那万分之一秒,店员就站到门口拉开大门了呢?这种惊喜带来的疑惑,促使我坐在吧台处观察一番,原来店家在第一道门上安装了无声感应器,当顾客进门后,连接到工作台的提示灯便会闪烁,这时店员会立即走向第二道大门,准备迎接顾客。

这种永远跑在顾客需求前的体贴服务，正是京式款待的一种代表方式。

京都展现出的温柔款待当然不只如此，诸如一碗看似平凡的味噌汤，里面有慢火细熬的日式高汤，连昆布、柴鱼、煮汤的温度都得讲究；随着时节而更替的菜单、挂轴、插花，无时无刻不展示着京都当下的最美；为了冲泡出一杯好咖啡，坚持每日去取井水……这些也许会被许多旅客视为理所当然。事实上，甚至某些根本不会被关注的事物都是精心安排的结果。

没有无数细节的堆砌，成就不了这一切。当我知道京都某百年旅馆的挂轴多达四五百件时，不免心生敬佩。然而知道的越多越想一窥究竟，京式款待的背后还有哪些细节？什么才是京式款待的与众不同？京都的款待如何随着时代的改变而调整？为此，我找上了京都百年旅馆近又第八代传人鹈饲英幸。

和近又的缘分开始得比较早，十多年前游历京都时想体验传统的京都老旅馆，看京都作家寿岳章子的书中提到近又，便选了这家旅馆一泊二食（一晚配二餐）。老旅馆的实力果然令人印象深刻，一顿在房里享用的怀石料理不仅美味美观，节奏更是掌握得当。在那之后又有机会在台北采访近又，深入探讨日式怀石料理。而这次，我再次踏上京都闹区上熟悉的御幸町通，只为搜集更多款待顾客的幕后细节。

成立于 1801 年的近又，过去是接待滋贺县（古称近江国）商人赴大阪、京都出差时投宿的旅馆。现在的木结构两层楼日式房屋约建于 19 世纪末，现已成为日本有形文化财产。从外观设计到内部格局、摆设，都可以看出近又是地道的京町家风格。从外观看不出内部有多大，但是进到里面就会发现还藏有"坪庭"（小庭园）和"里庭"（大庭园）两座日式庭园。

30 岁出头的鹈饲英幸带着我穿梭在旅馆狭长的过道，此时正值夏季，垂挂的竹帘将户外的景致变得若隐若现，看上去颇有情调。悬挂在客房的挂轴令我会心一笑，因为上面画着一个翠皮西瓜，仿佛消暑盛品近在身旁，装饰之余，还肩负着望梅止渴的功效。

要早一步察觉顾客的需求，且不要强迫他们接受。这就是京式款待的与众不同之处。

"这种老房子越来越少了。"从小在这里长大的鹈饲英幸说，"保持传统的空间能让旅客有特殊的经历与体验，款待的心意在此，但难也就难在此。"举例来说，近又房间的拉门是纸拉门，还要随着季节更换，夏天换成可以通风的竹制拉门，冬天则用可以赏雪的"雪见"拉门（日式拉门下方有个拉起后是透明玻璃的角落，用于欣赏落雪）。鹈饲英幸说，光是雪见拉门，近又就有好几种不同的款式，有左右拉的，也有上下拉的。其中左右拉的雪见拉门，如今已找不到订制渠道，留下来的更是弥足珍贵。麻烦的是，若遇到损坏需要维修的情况，不仅有能力维修的工匠少，费用高，可能还要排队等候很久的时间。

旅馆内举凡眼睛所见的插花、挂轴、庭园等，都需要悉心照料，更别说还有许多是需要用心观察才能看到的细节。如在走廊和客房之间的一扇纸窗，乍看很一般，似乎到处都有，只有仔细看过才会发现，建构其经纬的竹子图案是经过经心设计的，横向的竹子两两一组，和直立的一根根竹子共同构建了一副颇有风情的窗。此外，旅馆内的玻璃窗并非光滑无痕，贴近双眼去看，才能发现细微的凹凸质感。

近又十分珍视传承下来的有价值的事物，力求完美地呈现在旅客面前，但是也一直在随着时代做出调整。在他父亲鹈饲治二小时候，旅馆的顾客还几乎都是商人，而到了鹈饲英幸小时候，游客成为他们的顾客。对象不同，需求自然也不同。近又也从那时的许多间住房逐渐调整成每日只接待三组顾客。而几年前，鹈饲英幸又将之改为每日只接待两组顾客。原因是一楼客室旁没有厕所，考虑到入住旅客的便利性，便减去了那一间房。

鹈饲英幸也谈到科技带来的考验。如以前通过电话预订旅馆，他们能够与顾客聊上几句，从中可推敲出不少顾客的样貌与需求。不过，随着网络的普及，用 E-mail 订房成为主流，他们只能获得一些冷冰冰的信息，如姓名、年龄、性别等，所以在现场观察顾客就变得格外重要了。

　　"要早一步察觉顾客的需求，且不要强迫他们接受。"鹈饲英幸说这就是京式款待的与众不同之处。或许是京都人比较委婉的个性使然，不说出来但又希望别人能够理解，因此在款待别人时也以同样的标准来要求自己，"即便别人不说也要心领神会"。相较于其他地方直接询问顾客需求，京式款待难度虽高，却也带给人更多的惊喜与回忆。

　　京都的款待可以说是"以心传心"的款待，在彼此之间建立一种默契，是服务的最高境界。

055 旅馆
近又

近又 📞

地址： 京都府京都市中京区御幸町
通四条上大日町 407
电话： 075-221-1039

....

四百年料亭高汤展现京料理精髓

056 餐厅
瓢亭

瓢亭 🏮

地址： 京都市左京区南禅寺草川町
35
电话： 075-771-4116
营业时间：
本馆怀石料理：11:00-19:30；早
粥：7 月 1 日 - 8 月 31 日 8:00-
10:00；鹌鹑粥：12 月 1 日 - 次年
3 月 15 日 11:00-14:00（每月第 2
个、第 4 个周二休息）。
别馆早粥：3 月 16 日 -11 月 30 日
8:00-11:00；鹌鹑粥：12 月 1 日
- 次年 3 月 15 日 9:00-11:00（周
四休息）。

　　在许多京都入门的书籍中都绝对不会缺少瓢亭，毕竟这是一家开了 400 年的料亭，充满传奇色彩，文学家谷崎润一郎是这里的常客，常在茶屋里享用餐点。瓢亭本店还是米其林美食指南中的三星餐厅。怀石料理是瓢亭立足京都的招牌，不过"晨粥"价格更亲民，是许多人的入门砖。

　　瓢亭原本没有晨粥，据说是应彻夜通宵的人和艺伎的请求而推出的，利用餐厅既有的食材制作成的一锅粥，没想到后来大受欢迎。晨粥的菜色简单，可视为简易版的怀石料理，包含椀物（汤）、三层瓷器叠起的葫芦造型盛装的综合炖菜、向付（怀石料理中三菜中的一品）、和物，以及招牌温泉蛋等。待客人吃完之后，店家才会将白粥和酱菜端上来，白粥佐以勾了芡的高汤别有滋味。当然，在本馆茶屋造型屋内的榻榻米上用餐多了份古意和朴实，和新馆的风格大不相同，只是本馆抢手的程度也让订位难上加难。

　　要想从瓢亭体会京式款待，就得细细品尝料理中高汤的滋味。被视为日式料理灵魂、被料理人看作生命的高汤，据说就

是从京都发源的。更有一种有趣的说法："如果京都有十个料理人，就有十种高汤的煮法。"或许有些夸张，但确实每位主掌厨房的料理人都有自己对高汤的见解。瓢亭的高汤，传递出了高桥家族的与众不同。一般人多用昆布和鲣鱼制成的柴鱼来熬制高汤，瓢亭除了选用来自北海道的利尻海带外，搭配的是鲔鱼制的柴鱼。第十五代传人高桥义弘曾表示："这样可以减少酸味和涩味。"

NHK 纪录片里的一段话更深层地描述了高汤和日式文化之间的关联，大意是：高汤可以衬托食材的味道，不抢戏，若即若离，又相互尊重。这就是日本文化中所谓的距离之美。这段话用来诠释京式款待，再贴切不过了。

不同大门出入的小巧天妇罗料理

料理旅馆天妇罗吉川

料理旅馆天妇罗吉川 🏛

地址：京都市中京区富小路通御池
下
电话：075-221-5544
营业时间：
怀石料理：11:00-13:30、17:00-
20:00；天妇罗吧台：11:00-
13:45、17:00-20:00

京都的小巧是其迷人之处。不只是城市面积大小适宜，就连许多开设在京都的餐厅、商店都能让人感受到路线的小巧之处，可以在较近的距离内更多地感受到京都的人情之美。

天妇罗吉川是京都老字号的料理旅馆，顾名思义这里提供住宿和餐饮双重服务。这里所提供的料理是京会席或天妇罗会席。榻榻米上摆放的是正常高度的桌椅，坐在椅子上，一边看着户外知名庭园设计师小堀远州设计的庭园，一边享用如同乐章般有节奏、轮番上阵的会席料理，实在令人心旷神怡。这就是不少人即便不入住于此也会慕名前来的原因。

若想单纯享受天妇罗，吉川也有独栋小屋专门提供。小屋面积并不大，ㄇ字形的吧台，仅有 11 个位置。吧台内厨师的料理空间几乎只能容下两人，小屋里再加上冰柜、摆着碗盘酒杯的桌子、菜单装饰品挂上墙，这个空间虽然看似拥挤但却充满温度，让人完全没有距离感。

当晚包括我在内共有四组八位顾客。总是笑脸迎人的两名女服务员无论是在桌边服务、应对，还是和厨师默契配合，都让人觉得体贴入微。主厨则专注于料理，从容地替入座时间不一的四组客人端上一道道热腾腾的天妇罗。经常来这里的鹈饲英幸说："他们认真老实地制作天妇罗，一直保持着传统。"

京式服务的细腻体贴在用餐尾声不降反升。吃完最后一道天妇罗茶泡饭后，我和同席的宾客被邀请到另一处有火炉、可欣赏庭园风景的地方享用甜点。原来，接下来还有第二轮顾客。我慢慢地享用着饭后甜点和茶点，感受着夜间庭园的神秘，最后从另一处旅馆大门离去。就这样，两批顾客完全不用打照面，也互不干扰，各自在不同时段享用了美好的一餐。

穿和服车费打九折以服务至上的出租车

MK 出租车

必要时，招手搭乘出租车吧！这是我游历京都多年后的心得。在日本乘坐出租车很贵吧？若是放到城市面积相对广阔的东京，答案是肯定的，在京都则不成立。举例来说，从京都车站乘坐出租车到闹市区四条河原町、清水寺等地，大约需 1000 日元（约合 60 元人民币），如果四人同行分摊就很划算，更别说省下了时间。在京都市区靠出租车代步，每趟约在 2000 日元（约合 120 元人民币）上下。

提到京都的出租车，不能不提其贴心服务。鹈饲英幸说，京都有各式各样的出租车公司，也有个人经营的出租车。京都老牌的出租车公司一向给人以安全感，对司机的仪容、待客礼节、车内的洁净度都有要求，日本媒体也多次给予极高的评价，是《让全世界为之感动！日本的贴心服务》中在榜的服务。而且他们经常推陈出新，如穿整套和服（浴衣也算）车费可打九折。有时，他们也会推出出租车司机载你游京都的套装导览。

059
商店

穿上和服，当一日京都人

梦馆

梦馆 ◯

地址：京都市下京区五条通界町西入盐灶町 353
电话：075-354-8515
营业时间：10:00-19:30（12月31日-次年1月3日休息）

什么是千年古都魅力的来源？悠悠历史的寺庙古迹固然是精彩之处，遵循传统习俗生活的京都人，也是这座城市持续保有其独特风格并且让人迷恋的原因之一。传统服饰就是其中一个元素。在穿着早已全球化的今日，大街小巷中仍然有不少盛装打扮的艺伎、穿着和服碎步而行的京都人，的确充满视觉张力。除了当地人，穿着和服的也有游客。或许是想试着入乡随俗，或许只是想体验和服裹住身体的感受，但当你真正穿上和服后，整个人似乎也不得不因为被拘束住了，所以行走举止变得细致。

梦馆是和服出租公司，各式各样的服装一应俱全，还带有有摄影项目，甚至有会说中文的工作人员。据鹈饲英幸说，梦馆以价位合理、样式齐全见长。比较数家和服出租公司，梦馆能够提供多达 500 组以上的选择，的确超越同类。若能提前预约，3500 日元（约合 210 元人民币）的价格就可以让你身着日本传统服饰游览京都，定会带来对京式文化的更多体验与回味。

传承千年的烤麻薯

一文字和助

一文字和助 🌐

地址：京都市北区紫野今宫町 69
电话：075-492-6852
营业时间：10:00-17:00（周三休息，若逢 1 号、15 号、节假日则营业，隔日休息）

　　一个简单到不行的烤麻薯，在京都同一个地点售卖了千年，实在难以想象。按地图指引来到今宫神社附近，噤若寒蝉的巷子令人心中的揣摩和想象开始萌生：难道是"有名无实"的店家？待我终于找到一文字和助所在的位置时，这念头马上被消灭得一干二净。

　　店外就能看见正在用炭火烤麻薯的阿姨，经验老到地翻转着串在竹签上的如拇指大小的麻薯。待麻薯烤至微焦略带膨胀，阿姨会淋上味噌和砂糖调制的酱汁，最后加上一壶茶（夏日为冰茶）送上桌。

　　夏日晴朗的天气，半户外的座位上还体贴地摆着扇子。烤麻薯尝在嘴里味道咸甜，听说可是京都人来到今宫神社必吃的食物。鹈饲英幸说，麻薯对京都人来说是吃起来很有安心感的食物。这或许就是京都精神的内在展现：无论时代的巨轮如何转变，无论遇到什么难关，京都人总是能实实在在地将文化传承下来。古寺如此，简单的烤麻薯亦然。

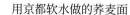

用京都软水做的荞麦面

061
甜点店

本家尾张屋本店

本家尾张屋本店

地址：京都市中京区车屋町通二条
下仁王门突拔町 322
电话：075-231-3446
营业时间：11:00-19:00

来到本家尾张屋本店，看到高挂在户外门上的木制招牌已经泛黄，明眼人都知道这是时间留下的痕迹。本家尾张屋可能是京都最老的荞麦面店家，早在 1700 年左右就开始售卖荞麦面。在日本，有着"关东荞麦、关西乌冬"的说法，所以当京都和荞麦面被同时提及时，确实有悖常识。

京都荞麦面的发展和禅寺众多有关。由于当时禅寺对于荞麦面的需求越来越大，本地就出现了供给的店家，本家尾张屋也就是在这样的背景下卖起荞麦面的。而更早之前它售卖的是和果子，因此本家尾张屋至少有 550 年的历史。如今的本店约莫是在 130 年前乔迁至此的。

即便几经变迁，本家尾张屋依然保有京式款待的重要元素：尊重自然，相互依存。无论是和果子还是荞麦面，该店都使用京都人引以为豪的地下水。据说京都的地下水来自盆地北、东、西边的山脉，蕴含量非常丰富，相当于日本最大的琵琶湖。从荞麦面、高汤到甜点，好的味道都要仰赖每天从 50 米深的水井撷取上来的软水。

淡雅却有着丰富内涵的高汤，本家尾张屋也有自己的熬制配方：北海道利尻昆布、鲣鱼柴鱼、沙丁鱼干、鲭鱼柴鱼等，但董事长冈本万寿男表示，地下水是他们的命脉，因此店铺经营的好坏在一定程度上取决于地下水。开在高岛屋百货的分店就需要将地下水送上七楼，而四条店因为没有地下水，为了维持质量全部由本店供应。

想在这里体验京都的细致，就要点"宝来荞麦面"。这道面的做法是本家尾张屋第十四代构想出来的，将荞麦面装在五层的黑色漆器里，一旁则附有炸虾、萝卜泥、葱、山葵、芝麻、海苔、香菇、蛋丝等佐料。不仅从视觉上体现了京都人对

美的追求，而且不同佐料搭配荞麦面更能为人们带来全新的体验。吃完面再喝杯煮荞麦的荞麦水，就是饱足的一餐。

冈本万寿男还跟我分享了关东关西文化的不同。在关东，荞麦面是酒后吃的食物，而关西人则会专程品尝。只不过，本家尾张屋在旅游旺季的中午实在太热门了，总得花个三四十分钟排队才能进到店里。偏偏京都人不爱排队，所以京都人想吃本家尾张屋就会想办法避开高峰时段。

藏在自然里的料亭旅馆

山ばな平八茶屋

山ばな平八茶屋 ⑪

地址：京都市左京区山端川岸町
8-1
电话：075-781-5008
营业时间：11:30-21:30（午餐时
段 11:30-15:00，周三休息）

京都老招牌料亭旅馆不胜枚举，这家拥有 400 多年历史的山ばな平八茶屋有什么实力屹立至今？首先是文艺史上的留名：日本大文豪夏目漱石所写的长篇小说《虞美人草》提到了山ばな平八茶屋，艺术家北大路鲁山人也曾是这里的座上宾。

其次，是大自然的恩赐。浑然天成的自然代表着这里的京式款待。无论是刻意设计过的，还是天然原汁原味的，少了自然的味道，京都也就不京都了。山ばな平八茶屋位于洛北郊区，因此自然环境很好。它虽然建在大马路边，外观也和其他日式建筑一般无二，然而沿着小径入内，场景就像看电影一样一幕幕跟着转变，最终一片绿意浮现眼前。我不想以庭园来作为它的称谓，因为这儿看起来颇具野性，流水、石桥也巧妙地融入其中，看得出设计者的用心。

另外，紧邻着高野川是它的另一大优势，几乎从所有客房、餐厅都能看到室外满眼的翠绿，不少客房就在临河一侧摆了椅子。无须多说，椅子上的光景与光阴令人心醉。此外，还有一个场景深刻地印在我的脑中：窗外的绿倒映在和室榻榻米上的漆器桌面，户外的绿和白、室内的绿和黑，充满反差却又如此和谐，是最简单的治愈风景。

063
祭典活动

夜里山上烧篝火的夏末祭典
五山送火

五山送火 🌐

活动时间： 每年 8 月 16 日 20:00
开始

每年 8 月 16 日的夜晚，对京都人来说都意义非凡，这天是祭典五山送火的日子。围绕京都盆地的五座山会点燃文字或图形样的篝火，将中元节（盂兰盆节）回到人间的精灵送返他界。这天就如同贺茂茄子和鳗鱼是预告着夏天的开始一样，代表着夏季进入尾声。

五山分别为：大文字山的"大"，松崎的"妙、法"（虽是两字但只算一山），船山的"船形"，三笠山的"左大文字"以及嵯峨野鸟居本的"鸟居形"。其实，这五山的文字图形一直都在，即便不是祭典的时节也能看到山上用石块堆起的文字图

[右图1]
不少店家在五山送火期间还特别挂起了卷轴呼应。

[右图2]
五山送火在山头围出的篝火，难得一见也迷人。

形。但可别因为远远地眺望就觉得字形不大。事实上，大字的第一横就长达 80 米，那一撇更长达 160 米，一捺也有 120 米。光一个大字就需要在 75 处设置火堆。

虽然也有人称五山送火为大文字烧，不过千万别在京都人面前提起，他们不爱听这样的说法。或许在他们心中神圣的仪式，不该听起来像某样食物吧。

这天夜里，京都的空气中定会弥漫着神秘感，点火期间京都的路灯、广告招牌等都会暂时熄灭，让在城市里的人也能看得清。对于外地游客来说，若是有个地点可以全程看到五山的火焰熊熊燃起最是理想。然而搜遍了资料，在京都市区最多也只可以看到大、妙法、船形和左文字，地点就在船冈山公园。

6 点多天还未黑，船冈山上早已人声鼎沸。不多久，夜幕降临，漆黑一片，几乎什么也见不着了。而时间一到 8 点，大伙便开始蠢蠢欲动，忽然间大字一横出现火光，接着一撇一捺亮起，字体看上去还有点像楷体，并不只是呆板的笔画，现场便会发出阵阵惊叹。10 分钟后，妙法也点燃了，船形和左大文字则依序接棒。

不得不说，看过五山送火之后，京都人的细腻与真诚变得更好理解了。替精灵们引路且如此唯美，流传数百年的祭典靠的正是整个市民的齐心协力，那是一种看不见的人情之美。

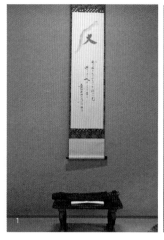

064
服务

跟着时代前进的服务

免费无线网络

　　鹈饲英幸觉得，这几年京都的无线网络给游客提供的非常便利的免费服务可以算是京都的款待之心。京都并没有倚老卖老，反而跟上了时代的脚步。只要下载京都免费无线网络的手机应用软件并完成注册，在多数的公交车站牌、便利店、地铁站，看到 KYOTO Wi-Fi 的图样，就能够轻易地连上网络。

　　对于想把视线放在京都的景物上而非刷手机的旅客来说，这已经足够了。迷路时，找到附近的无线局域网，打开地图找到方向；临时想搜寻附近的餐厅，问问谷歌便可得到"救援"。游走京都，因为科技，因为无线网络而变得更加容易。

老京都的
新活力

[Voice of Kyoto 创办人] 宫下直树 | MIYASHITA NAOKI

[上图]

受访者 :Voice of Kyoto 创办人宫下直树。

相较于拥有一二百年历史的城市，京都的年纪和辈分都不小。大型购物商场、摩天大楼、四通八达如蜘蛛网的地铁，这些年轻城市展现活力的时尚元素，京都统统都没有。然而，每每造访京都却都有新的感动，无论是新开的商店还是老建筑再利用的创意，甚至是老旧区域的活化，都让京都历久而弥新。

老京都的新思维从哪里来？城市角落里默默爬梳文化，再赋予新诠释的人是幕后英雄。京都文化圈里活跃的新生代宫下直树就是其中之一。这位土生土长、总是戴着帽子的京都人创

办了"Voice of Kyoto"（京都之声），试图要把京都的种种魅力向外传递出去。

走进他位于五条上的工作室，就会发现这不仅是工作室而已，根本就是聚集美好事物的大本营：可用于日常的陶器清水烧，形状如植物可佩戴也可以作为装饰的布制商品，看似石板却是纸板的盒子……这些全是京都当地职人的创作，都有着不老套的新颖创意，这也是宫下直树蹲点京都的成果。他说，一到假日，工作室就化身为"空想京都"商店对外开放。

不仅如此，这里竟也有来自中国台湾设计师的产品，如铜制文具、皮革小物、水泥小物等。作为策展人的他先前在台湾找到了一些实力很强的设计师，于是就将他们的作品带回来分享给京都人。接下来他还要让这些设计师和京都职人工匠联手开发新产品。正如他介绍空想京都时说的那样："这并非是展示形式化的传统工艺，而是一项重要企划，为的就是介绍那些用优异的手作技艺表现出的想象力，也可以说是挖掘正崭露头角的创作者们的一项创新计划。"

可别看宫下直树对京都文化熟门熟路，曾经他也是一位为工作远走他乡的游子。他高中以前成长于京都，大学、就业都是在东京。一直从事商业广告业务的他，工作越忙碌反而内心越茫然。他发现，虽然从无到有创造出了广告，成果却隔一段时间就会消失，又得开始新的案子。

也许是成长背景种下的京都基因，宫下直树怀念起具有丰厚历史感的故乡京都，这如同磁铁般吸引他回到了京都。

"这样没问题吗？"宫下直树也曾扪心自问，因为回到无论人口、经济、活力都和东京有很大落差的京都，不免有些担心。然而另一方面，重新回到京都生活的他也观察到，这里有很多坚守岗位的创造者以及享受这些创造的人。就这样，他创立了"Voice of Kyoto"这家网络媒体，开始采访、走入以京都为背景的创作者场景。

回到京都已经八年多了，随着他的足迹踏遍大街小巷，宫下直树直言，不同时间有不同的感受，至今回顾起来最为深

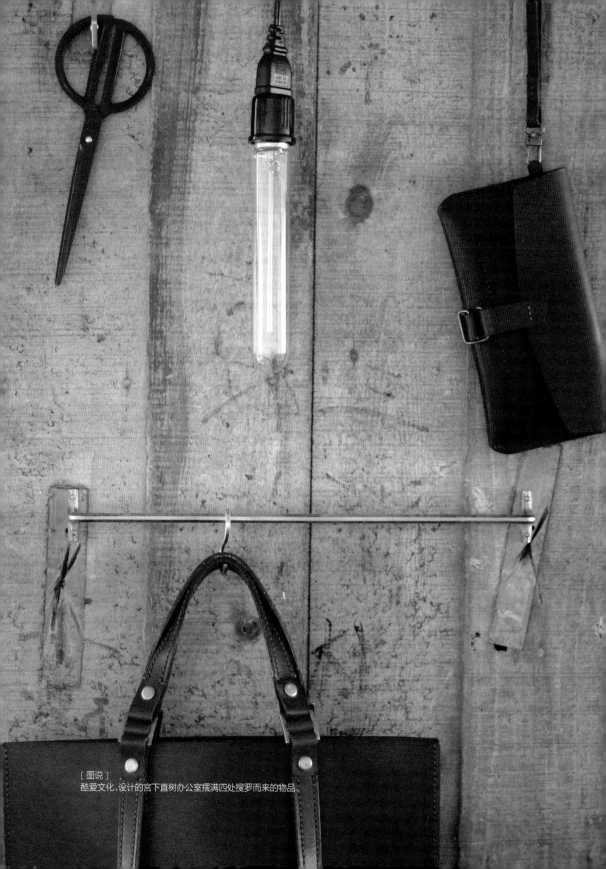

刻也最吸引他的，正是京都仰之弥高、钻之弥坚的内涵。他说："京都有许多解不开的秘密。"这些他口中的秘密之所以解不开，正是因为京都文化一脉相传，经过世世代代的演绎，即使看似不变，也会有些许差异。

举例来说，创立了四百年的画派琳派，在不同时期就有不同的风格，甚至同时期画家的画风也不尽相同。"琳派"更不是最初的名字，而是后人给予的，所以要想还原当时画家的想法，难度可想而知。看来，探索京都学是永无止境的，宫下直树说："对于京都，要看自己的了解有多深、多广，才能做出适当的诠释。"

正是京都既广又深的文化，才让今日的京都能演绎出新的活力。宫下直树就曾把来自国外的交响乐和京都和服文化结合，在新年之际举办名为"京都和世界的交流"音乐会，不但有交响乐演奏，还向大众推广日本和服之美。

区域差异渐渐明显是宫下直树观察到的京都新活力之一。他说以前在东京时每个区域都有非常鲜明的特色，去不同区域还要穿不同的衣服，八年前回到京都之际却看不出京都各区的差异，直到最近才有了改变，不同区域的风格特色似乎在慢慢成形。

如以往以织布产业闻名的西阵地区，是京都除了中京室町外最能展现京都町家风情的区域，曾经此起彼伏的织布声，在产业萧条与没落下沉寂了好长一段时间，直到近几年才有不少店家因店租便宜、环境寂静而纷纷进驻，反倒在当地带起了一股文艺风潮，如老澡堂咖啡馆、艺术家开的二手书店、潮流园艺用品店……

讨论到京都各式各样的新活力，宫下直树也提出了自己的观点。他说："什么算新？是一年、五年，还是二十年？京都的历史悠久，所以即使放在别的城市已算是三五十年的老旧事物，摆在千年古都京都面前也只能算是一种新活力。"经他这么一说，我就更能理解他推荐的老京都新活力，并不一定是时间上的最新，而是相对于古都而言，不同程度的新颖。

在别的城市已算是三五十年的老旧事物，摆在千年古都京都面前也只能算是一种新活力。

065
商店

空想京都

空想京都 ◎

地址: 京都市下京区西錺屋町 25
番林英大厦 301 号
*不定期推出活动,详情请上空想
京都的 facebook(脸书)确认

[右图]
大门背面贴满了各式文宣,都是"空
想京都"一路走来的成果,其中还
有在台湾举办展览的宣传。

066
祭典活动

在夜晚神秘祭典获取宇宙能量

满月祭

满月祭 🏯

地址: 鞍马寺(京都市左京区鞍马
本町 1074)
电话: 075-741-2003
活动时间: 年举办时间不固定,大
概 5 月,可上网查询

　　若和京都具有千年历史的祭典活动祇园祭、葵祭相比,每年 5 月举办、仅有数十年历史的鞍马寺满月祭尚属年轻,规模也较小,甚至知道、参加过的京都人也没那么多。不过,这个活动却有着吸引人的概念:此时的满月,天界和地上的通道会打开,宇宙的强大能量会注入地球。为什么是 5 月?相传每年古印度历法第二个月是佛祖释迦牟尼佛诞生、入涅槃的时间,所以在这个月的满月之夜举办祭典便可获得能量。这个时间按阴历算在 4 月,是京都少数每年日期不固定的祭典之一。

　　在许多笃信佛教的东南亚国家也有类似满月祭的祭典,只是形式已不尽相同。举办地点鞍马寺的所在位置正是向来被视为京都灵山胜地的鞍马山,须搭乘叡山线电车,到达后还得走一段不短的山路才能抵达。5 月时节已是春末夏初,鞍马寺或因海拔较高、或因樱花品种不同,人们有机会见到即将凋零的粉红樱花。按例,满月祭会彻夜举办到隔日一早,主要分成三个阶段:7 点开始祈祷(洁净)、10 点冥想(精进)、凌晨 3 点唱颂(觉醒)。若非参加完祈祷就要赶电车回饭店,最好自备

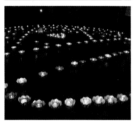

睡袋在鞍马寺户外广场过夜。不过，不知是否为天气原因，我参加的那一年，寺院在山下贴出了只举办第一阶段公告。

阴晴不定的 5 月天，天气预报说当晚有雨。天还未暗，我就带着饭团抵达鞍马寺，寺前广场已有不少人坐在自备的垫子上等候。接近晚上 7 点，人数突破一千，当中不乏外国面孔。我还买了装在玻璃杯外面环绕着莲花纸雕的蜡烛，作为晚点祈福之用。天空中不见月亮，却稀里哗啦地下起雨来，众人只好撑着伞活动。接下来，依序开始了寺方仪式、带领唱颂、一人传一人点燃蜡烛、高举烛火颂祷。从听着众人整齐划一的颂祷声到人手一支蜡烛，似乎我也相信了神秘力量的存在。

由于没看到又圆又亮的月亮，我向刚认识的京都朋友抱怨着。她很有智慧地回答我："可是月亮一直都在那里。"大家最后依着指示把蜡烛摆在寺前的广场中，看起来似乎摆出了图腾样貌。个人能量究竟有没有因此而增强实在很难说，不过，集体力量带给人的感染力倒很容易触动情绪。

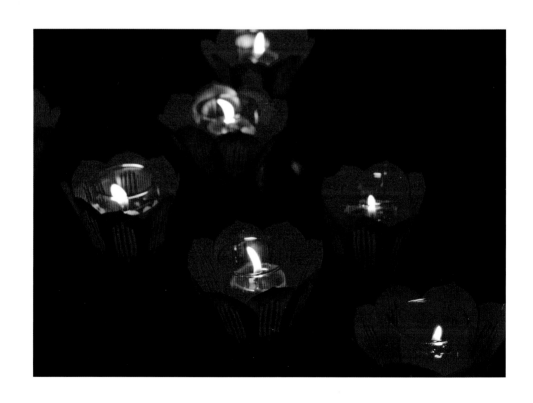

067 咖啡馆

清水模混搭木头，媒体与外国人皆爱的咖啡馆

Sentido

Sentido 🌐

地址： 京都市中京区屉屋町 445
日宝乌丸大厦 1 层
电话： 075-741-7439
营业时间： 7:30-19:00（周六
8:00-18:30，周日休息）

在京都的早晨，要想来杯唤醒身体、获取活力的咖啡并不太容易。并不是咖啡馆太少，而是不少咖啡馆营业时间都接近中午。Sentido 则是一家开门时间很早、风格清新的咖啡馆，其规模并不大，却有舒适的氛围。清水模、木头，两样很有现代感的元素构成了这家店的日式极简格调。

宫下直树说，Sentido 就在地铁乌丸御池站附近，刚好是地铁乌丸线、东西线的交会站，也是周遭不可多得的优质咖啡馆。小归小，Sentido 除了咖啡之外，还供应依季节更替的轻食、日式餐点，且秀色可餐。这里有许多外国客人喜欢光顾，也经常被报纸、杂志报道。

京都品咖啡的穷极滋味

直咖啡

直咖啡 🔘

地址：京都市中京区三条上二筋目
东入惠比须町 534-40
营业时间：11:30-22:00

西方的咖啡遇上京都文化会迸发出什么样的火花？走一趟位于京都闹市区三条河原町静巷的直咖啡就能找到答案。直咖啡不是一家喧嚣的咖啡馆，站在门外就能感受到它透出的京都风味。里面仅有六个吧台位置，坐在低矮吧台的座位上会发现吧台区的柜子上几乎空无一物，双眼唯一所见便是挂在土墙上的日式插花。这里是建筑家木岛彻的作品，风格独特，有着浓浓的日式情调，到处可见茶屋的建筑元素。

不光是环境，在这里喝咖啡就像喝日式抹茶般讲究。为了让顾客可以品尝到京都软水的滋味，老板渡边直人每天在上班途中都要到二条河原町去取井水。不仅如此，用来装咖啡、甜点的杯盘器皿也是典雅的古物。最让人难以置信的是，处处讲究的直咖啡最低只要 600 日元（约合 36 元人民币）就可以喝到。这杯结合古都雅致和职人精神的咖啡，远远超出其收费价值，更向人展现了老京都诠释新文化的能力。

069
商店

没招牌的日式质感花店

花屋みたて

花屋みたて Hanayamitate

地址：京都市北区紫竹下竹殿町
41
电话：075-203-5050
营业时间：11:00-17:00（周日、
周一休息）

这是一家很有个性的花店，开在偏离市中心的区域，不容易找到，因为店外连写有店名的招牌都没有。然而花若盛开，蝴蝶自来，这家花店客源从不间断。宫下直树说："京都不乏东京连锁品牌开的各种时尚花店，却几乎没见过这样的一家花店。"榻榻米上摆着陶器、插着不太常见的花花草草，另一面墙边架上则摆着各式各样陶制竹制的花器。店主西山隼人、西山美华夫妻两人，就跪坐在榻榻米上和顾客交谈着。

京都味的老屋花店和多数飘着洋味的花店氛围不同，反而成了京都的一股新活力。西山隼人、西山美华还利用花草来诠释京都文化，每个月推出不同主题的木花盒，如 8 月以"川床"为题设计的花盒，无论配色、香气还是构图、层次都很吸引眼球。当时只能感叹很可惜，无法把这个带回家乡台湾去。另外，他们很在意是否能与顾客交流，英语不太熟练的他们表示，希望到店里光顾的客人能用日语简单沟通就好了。

从无到有打造名物鲷鱼烧

マルニ・カフェ

マルニ・カフェ
（Maruni Cafe）

地址：京都市下京区五条通新町西
入西锭屋町 25 林英大厦 202 号
电话：075-344-0155
营业时间：12:00-21:00（周一休
息、不定期停休）

在京都，横贯东西的五条并非一条新建的道路，却可和新兴开发区画上等号。工作室也位于五条的宫下直树说，他以前还是学生时，只在非常热闹的、到处是观光人潮的四条流连，压根不会想到五条。然而这几年，五条增色不少，因其与高速公路相连，前往京都的车多半由此进出。现在的五条除了群聚的陶艺店，多栋旧楼里也出现一家家独具风格的店，和当年已不可同日而语。

　　宫下直树工作室所在大楼的二层，有一家叫作MAQUNI·Cafe的咖啡馆，它的开放式厨房、昏暗灯光，很有文艺小食堂的气氛，午餐时段生意非常火爆。事实上这里不是以卖咖啡而闻名的，鲷鱼烧才是店里的招牌商品。这是女店主在开店之初打造的、带有怀旧感的商品，自此一炮而红。不光如此，这里的餐点也令人感到满意，我点的是蛋包饭、味噌汤、沙拉套餐。蛋软嫩，和番茄酱炒饭很配；再摆上日式器皿，简直色香味俱全，尝过一次之后，便千方百计地想再回去品尝其他菜色。这真是一家非常值得顺道前往的咖啡馆。

071
旅馆

从皇室宅邸到料亭旅馆

吉田山庄

吉田山庄 🏠

地址：京都市左京区吉田下大路町
59-1
电话：075-771-6125

吉田山是京都市区内少数的几座小山之一，海拔不高，但是能鸟瞰京都市区，也能有更好的视野欣赏环抱京都的山岳。沿步道上山，就能到达隐蔽性佳、视野好、又清幽的吉田山庄。这里建于 1932 年，是昭和天皇亲戚东伏见宫的宅邸，全部以珍贵的桧木建造，后来屋主皈依佛门，1948 年便改成了料理旅馆。

建筑的外观、结构和庭园都弥漫着日式京都味，不过进到屋内，彩绘玻璃、人像雕塑等又为它增添了些许洋味。植物与自然似乎是待在这儿的最佳伴侣，无论走到哪儿，几乎都可以

看见自然风光，有人们在旅馆内创造出来的，更有远方山景带来的。吉田山庄有 11 间住房，但是每日仅开放 5 间提供住宿，这让旅馆的环境氛围更加清幽。不少没能入住的旅客为了一睹其风采，则是借着用餐到此一游。

这里还有一栋对外开放的咖啡馆真古馆。带着我参观的年轻店主中村知古几年前从纽约回到京都，跟着妈妈学习打理这家旅馆。她告诉我，真古馆以前就是她的房间。若是坐在这里喝咖啡，不仅能看见窗外的青枫、远处银阁寺后的大文字山，桌上还有宣纸的书法短句可品，短句都是中村知古的妈妈中村京古依不同季节所写。这样的咖啡时光，顿时变得极具气质。

另外，因为能近距离欣赏大文字山的地理优势，这里也成了每年夏末观看五山送火的绝佳场所。

072
商店

传统和纸的摩登外衣

かみ添

かみ添（Kamisoe）

地址：京都市北区紫野东藤之森町11-1
电话：075-432-8555
营业时间：12:00-18:00（周一休息、不定期停休）

　　将技术发挥得淋漓尽致是日本职人所擅长的，かみ添正是一家展现职人成果的商店，店内售卖各式各样的日式和纸。这家店的装潢其实很简洁，一张长桌、一个棚架，信封、信纸等纸类商品井然有序地摆在上面，不对外开放的区域则是店主嘉户浩的工作室。

　　单从商品来看，嘉户浩在雪白的和纸上又印上白色的图腾，白上加白，图腾若隐若现，很有意思。虽然看似不突出，

却让纸张在不同的光线下有更丰富的质感。若是不仔细观察，很难发现贴在墙面上的正是他们创作出来的带有圆点图腾的和纸。难能可贵的是，即便在印刷机器已经很普遍的今日，嘉户浩仍坚持使用传统的木版雕刻印刷，这也使得这里出产的纸张更有手感和温度。

他们开店以来一直受到设计师们的喜爱，而且也积极涉足其他的领域，如东京米其林二星名店 L' effervescence 的银箔色壁面就是他们家制作的。嘉户浩曾经是位设计师，转行做纸之后，无论是对美学还是质感的讲究都能为传统的和纸注入新的现代活力。

园艺工具小店给没落老区注入活力

LIFETIME

LIFETIME ○

地址：京都市北区紫野上筑山町
21
电话：075-415-7250
营业时间：每月调整营业时间与
休息日，请上网查询（lifetime-g.
com）

以西阵织闻名的西阵，由于纺织业的不景气，本地便宜的租金和特色店家开始进驻。售卖园艺用具的 LIFETIME 就是这个静谧老社区里的一股清流。店主说田稔对音乐很着迷，但也明白要靠此谋生难度很高。

说田稔说："在日本找不到兼具设计感和材质的园艺工

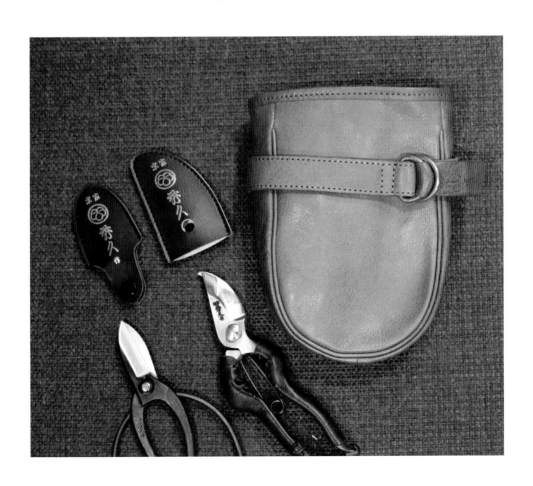

具。"喜欢种植蔬菜花草的他发现了这样的市场缺口，毅然决
然以园艺用具作为创业方向。从欧洲进口商品到日本售卖，即
便价格比日本商品高出一倍，也仍受到年轻人的欢迎。

随着市场逐渐被打开，说田稔开始围绕园艺概念开发不同
产品，比如从日本各地精选出来的日用帆布包、园艺工作服饰
等。他还开创了自有园艺用品品牌。他说日本冬天气温低，十
分寒冷，于是他们设计出加了皮革的工具，不但有实际保暖功
能，也呈现出了一种独特风格。尽管这里空间不大，但缤纷的
颜色、有型的商品，让 LIFETIME 有了更多生活的温度。

074
商店

美术家疯玩二手书店
世界文库

世界文库 🖐

地址：京都市北区紫野东舟冈町
19
营业时间：不固定，请上官网查询
（sekaibunko.com）

很难想象，在一个这么不热闹的街区，居然有世界文库这样一家二手书店。白色的门面，以白色为基调的内部空间，还有简洁的布置风格，都让世界文库看上去很文艺。很难相信这是一家开店不到五年就备受瞩目的店。原因无他，因为店主古贺铃鸣的知名度不小，有着美术家、绘本画家、诗人、作家等多重身份，出版过不少作品。他说："以前在东京工作，但是感觉太拥挤了，所以搬来京都。"为求寂静，他专门挑选了西阵这样人烟稀少的街区。

"有趣"绝对是世界文库给人的印象。除了售卖二手书，这里还不定期举办活动，如卖二手杂货。此外，留意书架上的书籍便会发现，店主开辟出专门区域，特别邀请一些作家、音乐人朋友出售他们的二手书，每人各有一小块区域放置他们所有的二手书。在这里，人们可以买到喜欢的人所阅读过的书籍，除此之外，还可以一窥这些人平时都在看些什么书。店里大多是日文书，不过店主特意选了不少摄影集、儿童绘本、建筑、外文等类别的书籍，以便外国客人也能在这里享受淘宝的乐趣。

075
艺廊

和风建筑里搜罗销售和风美学

美术馆—YDS

美术馆— YDS
（Gallery-YDS）

地址：京都市中京区新町通二条上
二条新町 717
电话：075-211-1664
营业时间：11:00-18:00（周日休
息）

"以前承包商想要独立出来开店，在京都是不可能的事。"宫下直树说，"而现在承包商独立开店已成为一种新兴趋势。"美术馆的店主高桥周也过去是负责友禅染的承包商，如今独自经营这家艺廊。其名字中 YDS 即为友禅（Yuzen）、设计（Design）和工作室（Studio）的缩写。

和日本大多小巧的艺廊不同，该美术馆在一整栋三层楼的和风住宅里。脱了鞋进到屋内，看到一楼的榻榻米上摆放着木片、展示着陶艺作品，有阳光洒落其上，很是吸睛；二楼是友禅染的工坊，可预约体验；三楼是个小巧的艺廊，摆放着和艺廊有合作的创作者的陶艺、玻璃作品。一楼除了会举办以日本手作为中心的展览外，也有其他各式各样的活动，如结合陶艺作品的餐会、茶会等。无论是花瓶、碗盘，还是小器皿，店家都以其独特的眼光挑选了不少好作品，尤其是侘寂风的作品，喜欢生活杂货者进到里面可得看好自己的钱包。

学校老宿舍变成当红潮旅馆

ホテル・アンテルーム京都

ホテル・アンテルーム京都
（Hotel Anteroom Kyoto）

地址：京都市南区九条明田町 7 番
电话：075-681-5656

[图说]
管线外露、利用墙壁做成书报夹，
乃至于浴室的设计，都展现 Hotel
Anteroom 源自于学生宿舍又不
失设计感的性格。

　　在出其不意的地点出现，是这家旅店在京都人眼里的印象。它位于京都车站以南的九条和十条之间，而京都的观光景点大多集中在离京都车站有一点距离的北边，所以选择这样的地理位置开店几乎没有占到地利之便。当地人也很疑惑，在那边开旅店，真的能经营下去吗？

　　这里利用学校旧宿舍改建而成的旅店，相比其他旅店而言，其优势是公共空间特别宽敞。划分出来的艺廊、餐厅等区域，让人走在其中感觉十分自在。客房采用的是简约现代风，虽然一如日式旅馆给人房间不大的印象，但他们通过设计将空间配置得很好。例如从天花板管线垂吊而下的床头灯，沿着墙面设计出类似报纸夹的置物架，都让人眼前一亮。带点潮味的旅馆能否弥补地理位置上的劣势？借着采访任务我得到了答案。旅店人员告诉我，半年后的住房都已经预订满了。看来，只要特色鲜明，就能在京都站稳脚跟。

老屋与慢时光，
京都缺一不可的灵魂

[庵制作公司董事 & 建筑师] 黑木裕行 | **KUROKI HIROYUKI**

[上图]
受访者：庵制作公司董事＆建筑师
黑木裕行。

　　我常常在想，同样的时间运转、同样一天 24 小时，为什么有的城市给人紧凑如行军的节奏感，而有的城市却缓慢如鸭行鹅步？

　　快和慢，其实是步调，是选择，更是心境，决定你双眼看世界的广度与深度。

　　京都从来就不是一座快节奏的城市，然而她也无须任何外人赋予"慢城"的封号，因为其骨子里就散发着慢的底蕴，形成了自有的秩序：把自行车当作代步工具的市民，缓缓踩着踏板，穿梭在城市间；公交车行驶在不太宽的道路上，一站接着一站，不疾不徐；古寺里望着枯山水出了神的游客，仿佛世界已静止；坚持手工制作的艺匠，仔细琢磨每个细节，标准的慢工出细活。

　　相对的，游京都也是急不得的。少了那份漫游心境，内心感受到的京都之美也必然大打折扣。于是，每每来到此地，我必定会奢侈地花上一个或数个下午，静静地待在某处什么也不

做，不需要任何导览资料，只需张开双眼、支起耳朵、放松呼吸，尽情地感受所谓的京都氛围。

久而久之，我也不免好奇，对日日浸濡在此气氛中的京都人来说，何处才是他们心目中理想的慢时光？

建筑师黑木裕行是接招答题者。找上他不仅因为他是土生土长的京都人，而是因为近年来，他在京都及日本各地改造老屋无数，为老屋注入新生命之余，还赋予了老屋特有的沉静、缓慢的生活氛围。他所属的庵制作公司，在京都有一系列将老屋改造成民宿的作品，让不少旅客得以入住老屋，感受京都人的生活样貌。

黑木裕行推荐的标准主要围绕空间、心境、人的感受三个方面。可以理解为：有的是空间自然而然带来的气氛，有的则是慢下来后带给人心境的转移，有的则是人身体本身的感受。他说："我推荐的都是可以放慢节奏来欣赏时间的去处，并能带来正能量的地方。"

我们一同走进一家庵公司改造过的"西阵伊佐町町家"。进门的一刹那，顿时觉得门内门外似乎是两个世界。屋内的时光在老旧梁柱的衬托下，悠悠长长，纵然是新装修，仍然可以依靠一扇门将室外的尘嚣隔绝殆尽。保存下来的原始建筑结构被刻意裸露出来，抓住双眼的视线在关注每个细节之余，时光也就这么不经意地慢下来了。

很难想象那个老屋几年前形同废墟的样子，大多数人可能都不愿正眼瞧它一眼。黑木裕行说，一般的京都町屋结构是前店后住，多半给人阴暗、冬天很冷的印象，不少人也就不向往了，这是许多町屋荒废的主要原因。而且提到老屋改造，大家首先想到的是大笔费用，根本忽略了"旧建筑历经沧桑，承载着许多人的回忆，拥有着新房子没有的力量"。他还觉得，老房子原本有棱有角的木头变圆滑了，土墙也沾染上生活的痕迹，自然而然地散发出一股温暖、柔和之气。

这样的发现，他也是经历过了才知晓的。在从事老屋改造之前，黑木裕行所从事的工作是将旧建筑拆掉再盖新房子，后

我不能设计出一百年的房子，但可以用设计让一百年的老房子重现魅力。

来才改做建筑设计，时至今日已有 20 年。他回忆说，转换角色着手改造老屋之初，看到那些倾斜、墙壁剥落、惨不忍睹的房子，内心也不免出现疑惑：真的要进行改造吗？还好改造的结果让他吃了一颗定心丸。

"我不能设计出一百年的老房子，但可以通过设计让一百年的老房子重现魅力。"黑木裕行如同一个京都时间产物的守护者，默默地将承载着许多人回忆的建筑容器改造成了美丽的房子。

这对他而言是吸引力，也是挑战所在。他改造过的最老的房子是奈良两百多年前的老房子。他坦言，一开始很害怕。他说："改造得太多，原始的味道就会失真。"如何让老屋面目一新却又不失其原本，正是困难之处。

有趣的是，黑木裕行也是从时间轴来看待老屋的改造与翻新的。他说一百年前有人好好地设计了这栋房屋，如今由他着手进行改造，不但不能超出原本的设计太多，甚至还要考虑到日后可能会有人接手再调整。"我不会是最后一个改造此房子的建筑师，所以考虑的不该是设计本身，而是之前、之后随时间产生的问题。"

然而我终究好奇，他怎样决定哪些该大刀阔斧去掉、哪些又该认真仔细地修复？这当中的平衡如何拿捏？黑木裕行说："通常要保留的是老房子的重点。"重点往往就是房子建造时最用心、最值得欣赏之处。比如日式老房子多半会有面向庭园的榻榻米空间，那里除了可以看到户外的迷人景色，也是用来招呼客人的最佳之处。至于不需要保留的部分，黑木裕行则建议不妨用现代的手法大力改造，目的是让住进那里的人更加舒适。

乍听之下，似乎觉得不会太难，但若是知道黑木裕行可都花了数年才完成每个老屋的改造，其难度、挑战与所需耐心就无须多言了。以岛根县的老屋改造为例，前前后后用时五年，在正式设计之前就包含了与当地居民沟通、整合各种不同意见、思考如何设计等大小事宜。即便不用与居民沟通的京都老

房，花时间反复思考也是不能舍弃的。他说："由于入住游客并不会自己提出需求，所以就得自己假扮游客提出各式各样的问题，不断地推翻提案再设计再推翻……"

老屋与慢时光都是京都缺一不可的灵魂。承载其中的岁月厚度，正是引人入胜之处。以黑木裕行改造的奈良县 260 年历史的老房为例，他说快完工时，来了一位年纪颇大的老奶奶，她说以前常常到这个房子里做客。虽然房子已改为餐厅，外观和以前完全不同，但老奶奶看到那个熟悉的空间被保留下来且神韵犹存，便喃喃自语喊着前屋主的名字说："我回来了！"那一刻的感动是黑木裕行不曾想过的。

是情感、是传承，牵引着黑木裕行的步伐。"老房子不只是个老房子，它充满历史与回忆。将之改造成美丽的房子流传下来很难，但也很吸引我！"

吃京都味定食逛设计商品店

佛光寺 d&department Kyoto

d&department Kyoto 🏬☕🍴

地址： 京都府京都市下京区高仓通佛光寺下新开町 397 本山佛光寺内

电话： 075-343-3217（商店）；075-343-3215（餐厅）

营业时间： 10:00-18:00（商店）；11:00-18:00（餐厅）（周三休息）

很难想象，前往京都寺庙，目的却和寺庙几乎不太相干。佛光寺位于京都市中心，很多设计师、杂货迷或许和我一样，是到寺庙内的"d&department Kyoto"朝圣。由设计师长冈贤明创立的 d&department 以长效设计（Long-life design）为选品标准，不仅在日本各地寻找商品，还同时成立商店进行贩卖，在全日本开枝散叶。位于佛光寺的京都店就是其中之一，现由京都造型艺术大学的师生负责运营。

很多京都人喜欢到寺庙度过时间，或欣赏庭园，或思考。而如今佛光寺开设了商店，虽然人们为不同的目的而来，但总归是享受时光。

相较于清水寺、高台寺等地,佛光寺显得有些清寂,拔地而起的银杏悄悄地吐露着佛光寺悠悠的百年历史。主殿对面是 d&department 所开设的餐厅,旁边一侧就是店铺。店里不光有强调实用、长效、功能的各式各样的商品,还有意想不到的京都味——京都酿造的啤酒、京都布巾、京都调味料……甚至还有一些从京都搜罗而来的二手商品,它们都自信地陈列在架子上,这也赋予了店铺本地特色。

至于餐厅,当然也是尽其所能地展现京都风味。简单的定食用的是店家严选出的包括京都酱油在内的京都油品,以好山好水著称的美山地区种植的黄豆制成的生腐皮,以及绝不能少的京都酱菜。这些质朴的美味放在清水烧的器皿中,而顾客就坐在榻榻米上享用这顿饭,真可谓是一种很京都的体验!每到春季,餐厅外更是一片好风光,佛光寺里盛情绽放的樱花从餐厅里就能看到,无须与任何人争抢。

寺庙里的商店和餐厅一点都不突兀,因为这是京都扎扎实实、土生土长的风景。

078
甜点店

一碗茶烤麻薯，老空间传承历史滋味

あぶり餅かぢりや

あぶり餅かぢりや（Aburimochi
kazariya）

地址：京都市北区紫野金宫町 96
电话：075-491-9402
营业时间：10:00-17:30（周三休
息）

这是与鹈饲英幸在京式款待中推荐的那家千年烤麻薯位于同一条街上、店铺对面的店家。很巧的是，鹈饲英幸和黑木裕行各有支持。

"坐在这儿可以感受历史。虽然顾客变了，但古今的人都在同一空间享受过美食。"黑木裕行如此形容在这里可以体验到慢时光。他表示，如今冬天已有空调暖气，但店家仍以炉火取暖，仿佛把人拉回了过去。店家就在门口用炭火烤着麻薯，双眼和双手的配合是制作的关键，一点也急不得。每日如此，无论寒冬还是炎夏。

一碗茶、几根烤麻薯、一个老地方，没有什么比这来得更简单，立刻就能让人放松下来。静静地听着户外的风，看着屋里时间的轨迹，嗅着空气里的季节，时间的奢侈不外乎如此。

甜点排名常胜军的雅致庭园

茶寮宝泉

079
茶馆

茶寮宝泉 ◉

地址：京都市左京区下鸭西高木町
25
电话：075-712-1270
营业时间：10:00-17:00（周三、
周四休息，逢节假日隔日补休）

从外面看上去，茶寮宝泉有着很高的木围墙，围墙后有很高的繁茂树木，似乎有点儿深不可测。若没有地图指引，会以为这里就是一般的日式民宅，毕竟这里不是闹市区，周围也都是寻常百姓家。事实上，这里本来就是昭和时期富豪的宅邸，也难怪如此气派。

掀开门帘进入大门，映入眼帘的是一片疏密有致、高低错落的日式庭园。真正进到里屋才发现等候入席的人还真不少，

但室内的雅致却丝毫不受干扰，和纸制作的灯将光影投射在深色墙壁上显得沉稳有力，朴素花瓶里插着的小花透露着芬芳清新。

当你脱下鞋子、踩上榻榻米，跟随店员穿过廊道进到座席后，又是豁然开朗。主屋两侧的落地窗外是郁郁葱葱、紧密繁盛的庭园，一抹清新的绿绝对是夏日的救赎。最棒的是，人们还能在这样的氛围里享用日式甜点。配着冲绳黑糖蜜的蕨饼是茶寮宝泉的名产，软滑的触感中又带有爽利的嚼劲。这里的蕨饼采用蒸的方式，所以才会有与市面上的蕨饼不同的黑色。随着季节更替的日式生果子，则给视觉增添了一笔细致美感。

即便没有地利之便，茶寮宝泉仍好评不断，是日本美食网站"食物集"（Tabelog）的常胜将军。但说来也奇怪，总是客满的此处却一点也不喧嚣，原来是因为携带幼儿的顾客会被安排在厨房旁一角特别设置的房间里，而同在和室里的大家似乎也都很默契般地低声细语，享受室内室外皆美的光景。如黑木裕行所说："来的人都把庭园当成一个舞台，享受着庭园的时间。"

080 景点

日本威尼斯！不可思议的千年船屋

伊根町舟屋

伊根町舟屋

交通方式： 从京都站搭乘京都丹后铁道至天桥立站，转乘丹后海陆交通的公交车至伊根或伊根湾巡·日出站或舟屋之里公园前站下车（约需1小时）。

巴士时刻表： www.tankai.jp/rosen_img/zikoku_2016_3_26/kyogamisaki.pdf

"原来京都府也有大海，而且有很容易让人着迷的景色！"正受当地政府委托规划设计渔港餐厅与咖啡厅的黑木裕行这么形容伊根町舟屋。这里位于京都府丹后半岛东北部地区，隔着若狭湾与福井县遥遥相望。此地之所以迷人，就在于绝无仅有的风土景致——舟屋。沿着海岸线建起的木造房舍，一楼供船只停泊，二楼或是后院才是住宅。据说，至今已有1700年历史。

即便同位于京都府，要想从京都市区前往伊根町也是趟不太方便的旅行。旅客需要先坐上约3小时的火车抵达天桥立站，随后还得乘坐几十分钟班次很少的公交车。小渔村安静得连落叶的声音都能清晰听见，走在街头巷尾，一栋挨着一栋的老舟屋对人们来说则是全新的视觉感受。站在街道上往舟屋方向看去，船只就停泊在这个避风港内，船内放满了各式捕鱼工具，陈旧和荫翳相得益彰。

伊根町的美还在于纯净。伊根町算是个内湾，虽然与大海相通，但这里几乎波澜不惊。黑木裕行表示，这里涨潮和退潮仅有50厘米的差距，大浪更是罕见。部分湛蓝、部分翠绿的海水，总是能触动旅客的心弦。如果能坐上小艇或大船，则可以用另一种角度欣赏伊根湾。整个伊根湾沿岸约5000米，沿岸舟屋230余间，往近处看去，一楼船只、二楼居民的日常风景混搭出了最有当地特色的画面。

如想慢游伊根町，不仅有单车可选，当地还有不少钓鱼体验的行程。最理想的方式是在当地民宿住上一晚，感受小渔村的朴实与慢时光。此外，黑木裕行设计的餐厅也是一处迷人的场所。

走进绵延不绝的茶山丘绝景

和束町茶畑

和束町 🔟

交通方式：从京都站搭乘 JR 奈良线至木津站，转乘大和路快速至加茂，再转乘奈良交通公交车至"和束町之家"下车。

巴士时刻表：
www.town.wazuka.lg.jp/cmsfiles/contents/0000000/225/zikokuhyo.pdf

无处不茶园，这是对和束町最贴切的形容了。从京都市乘坐火车至加茂站后，坐上去往和束町的公交车。当窗外的景色渐渐转变，近的远的、山下山上满山遍野皆是茶园时，不用任何路标和提示牌，便知和束町已经到了。和束川流经的和束町早晚温差大，水气丰沛，特别适合种植茶树。据说，这里从日本镰仓时期就开始种茶，产业历史超过 800 年。此外，这里还是宇治茶的主要产地。

在黑木裕行眼中，由市区前往和束町的路程是一种慢下来的过程。在和束町有多条散步路线可供选择，值得亲自去感受一下有如绿毯也像绵延不尽大海般的茶山魅力。累了，则可在途中的咖啡厅、餐厅歇歇，还可以选购当地自产自销的茶叶。

正因为风景特殊，和束町已入选"日本最美丽的村庄联盟"。这里除了茶园几乎没有其他额外景点，但只是欣赏着这一望无际的茶园，就已是很过瘾的视觉体验了。

082
寺庙

日本最重大钟与七大不可思议

知恩院

知恩院

地址：京都市东山区林下町 400
电话：075-531-2111
开 放 时 间 ：9:00-16:30（16:00
停止售票）

若八坂神社、清水寺是众所周知的必访胜地，那么同样位于东山的知恩院便有点隐藏版景点的味道。很多人不会将这里列为首选景点，过而不入，但是论实力，知恩院可不落人后。

建于 17 世纪、高 24 米的三门，与南禅寺、东本愿寺的三门并列为日本三大三门。此外，寺内还有重达 70 吨的日本最重大钟，每年除夕夜都会成为全日本关注的焦点，肩负着送往迎来的重任。除夕夜于晚上 10 点 40 分开始，寺方 17 位僧侣共同拉着绑在木桩上的绳子，其中一位拉主绳、其余拉支绳，齐心协力把钟敲响。每敲一次，现场就会有三位僧侣行五体投地之礼。待 108 响钟声敲完，已是新年的凌晨 12 点半。

当然，平日的知恩院也有不少乐趣，比如寺内广为人知的七大不可思议：走过去会发出"吱吱"莺鸣声的木长廊；无论从哪个角度看屏风上的猫，它都在看着你；大方丈走廊梁上重达 30 千克的木勺……寺内的御影堂正在整修，据说要到 2019 年底才完工。不过知恩院占地广阔，光是集会堂、阿弥陀堂、大钟、友禅院这些就足以让人消磨很多时光。再加上知恩院建于东山山腰，风景自然有其独特之处。

山边朴实幽静的世界文化遗产

宇治上神社、宇治川

083
寺庙

宇治上神社

地址：京都府宇治市宇治山田 59
电话：0774-21-4634
开放时间：9:00-16:30

以茶叶扬名的宇治，在世界上最早的长篇写实小说《源氏物语》中就有提到，还有平等院和宇治上神社两大世界文化遗产坐落其中，是非同一般的名胜之地。平等院气派恢宏，参观人潮源源不绝自不必多说，值得介绍的是位于山边的宇治上神社，古朴厚重，却极其容易被人遗忘。事实上，别看宇治上神社给人第一印象并不起眼，它可是日本最古老的神社建筑。

从小就经常到宇治游玩的黑木裕行说，宇治川和宇治上神社有种神秘感。沿着宇治川而行，会先到达宇治桥，从那里便可看到引自琵琶湖的粼粼河水。和京都的其他河流不同，宇治川没有人工痕迹。跨过河床沿着小径越走越隐蔽，宇治上神社就像被森林包覆着一般，即便看见了偌大的鸟居和招牌，想要找到入口也需要仔细一点才能发现。

走进去，历经风霜的木构建筑早已褪去颜色，不见细细雕琢之痕，却和自然完美地融合在一起，参天古树陈述着时间的意义。还有一眼桐原水，是宇治七眼名水中唯一被保存下来的。

上万鸟居搭起的无尽神秘隧道

伏见稻荷神社

伏见稻荷神社 Ⓜ

地址：京都市伏见区深草薮之内町
68 番地
电话：075-641-7331

是什么原因让伏见稻荷神社在 2014 年夺下"最受外国人欢迎的日本旅游景点"榜首？当我看到稻荷神社在参道竖起旗帜，以此作为宣传时，讶异之余也发出了这个疑问。这并非我第一次造访此处，但直到此时才意识到，原来大家是这么喜爱这里，以至于在全京都、及至全日本的所有景点中胜出。

神秘和强烈的对比大概是这里的迷人之处吧。每个造访伏见稻荷神社的人，心思都落在寺庙后盘踞整座山的鸟居上。这涂着赤红色的鸟居们，出现在电影《艺伎回忆录》里，经过传播仿佛成了京都意象。任谁也很难想象，一座挨着一座的鸟居就这样随地形而起伏，成了一座无尽的神秘隧道。走入其中，阳光透进缝隙，外绿内橘——绿意盎然的庭园和这些向神明捐赠的鸟居形成对比，外清晰内迷离。多数人对沿着山径而立的

鸟居最深的印象莫过于"千本鸟居",但事实上这只是其中一段,鸟居的总数早已破万。

从小就在附近长大的黑木裕行说:"走在鸟居中,因为可以一直看到鸟居,走着走着就容易忘了时间。"确实,那是一种有如进入黑洞的过程,深不可探。一小时过去,一路上不时出现狐狸造型的石雕和可眺望京都市景的中继点,最后会来到最高处一之峰。往回走的路上,则可以看到每个鸟居的背面刻着供奉者的姓名、公司名及时间,承载着一个又一个看不见却又如此真切的寄托。

来去京都老房子住一晚

西阵伊佐町町家庵町寄宿家庭

西阵伊佐町町家 🌐

地址：京都市上京区大宫通上立壳
上西入伊佐町 238
电话：075-352-0211（"庵"代表
电话）（此町屋负责人电话：090-
4492-6425）

这几年京都的"町屋再生"形成一股风潮，称作町屋的京都狭长老房子被改成咖啡馆、餐厅、商店、艺廊，甚至旅馆。这真是一大福音，游客终于可以进到木构老房子里感受老屋新生的魅力所在了。

西阵伊佐町町家就是由 80 多年的老房子改建而成的民宿。这么说或许不够准确，因为町家的后半部分仍是正常运营着的西阵织工厂。若没有看过旧照片，很难想象这里在改装前的破败陈旧模样，如同没落的西阵织产业，这间纺织工坊也一度形同废墟。邻近生产和服腰带的织布公司买下这栋老房子，才改变了这个颓势。他们委托黑木裕行所属的庵公司着手进行改

黑木裕行提供

黑木裕行提供

黑木裕行提供

造，一半改建成旅馆，另一半作为他们生产和服腰带的工坊。这种组合让西阵伊佐町町家显得很特别。

进到门内，可以看到被竹帘覆盖着的古水井，井里至今仍是活水。脚下的位置其实是老町屋原来的厨房所在地，现在变为通道，往右通往住宿客房，往前进到房子后半部的工坊，抬头向上看则是屋顶。

通过重新设计，两层楼的区域划分、房子架构一目了然。支撑房子的骨干或许老矣，不过整间旅馆可谓焕然一新。室内有木头制的澡缸，打开窗可以看到室外坪庭，二楼也有厨房、水槽、冰箱等设备。令人惊喜的是从二楼后方往下看，整个运转中的织布工坊都一目了然，巨细无遗。原本我以为二楼会因为天花板而有压迫感，或许因为空间通透，坐在二楼意大利皮椅里反而觉得沉静舒适。

买下这间老房子的织布公司说，工作日的早上8点，职人便开始上工，织布机发出非金属碰撞的声音，就像回到了西阵过去的繁盛时期。有意思的是，以前京町家是前店后住，而现在是前住后工坊，这个改变也可以说是绝妙的组合了。

[图说] 现在的通道是以前的厨房，整个房子的结构一览无遗。

谜一般的
京都风流夜

[京都精华大学讲师 & 设计师] 佐野渡 | SANOWATARU

[上图]
受访者：京都精华大学讲师＆设计师佐野渡。

始终觉得，清晨或黑夜的京都带着隐蔽性，看似波澜不惊的水面下其实充盈着各种搅动与律动，值得一窥究竟。这种氛围如同京都人的委婉与暧昧，让人看不透也摸不清。

清早，鸦雀无声的祇园巷弄没有人来人往的拥挤，不免有种京都人还在睡觉的错觉。而当你推开咖啡小店的大门，便会发现里面早已充斥着京都人的活力。89岁高龄的婆婆一人经营着这家已有40多年历史的咖啡店，她的脸上没有一丝倦容，还说"快90岁了，所以更要努力保持"。熟客抽着烟，或看报纸，或和婆婆闲聊，桌上的咖啡与土司则是拥有开阔胸襟、广纳外来文化的京都人的日常写照。

夜里，祇园花见小路巷弄里看热闹的观光客早已不见人影，剩下的是无尽的黑与静。但是这里真的安静吗，还是因为耳朵不够锐利？古典木房里，一身华服的艺伎们或在表演，或

和食客喧哗地玩着游戏，好不热闹，仿佛今宵不醉不归。

夜京都，令人格外想要探索。或许是因为夜里蒙上的这份漆黑，让京都更具神秘色彩？也或许是很实际的需求使然：当寺庙早早关门、百货商场营业时间仅至晚上 8 点，该上哪儿感受夜晚京都的风流？

没有什么比风流二字更能贴切地描绘京都人善于让生活富有情调的雅致了。风流在日文里，不仅代表品味高雅，更代表着惊人和特别的美。夜幕低垂后的风流京都该是什么样貌？身为设计师，同时也是京都精华大学讲师的佐野渡从本地人的视角和我分享了他的看法。

自从把目光聚焦在夜京都后才发现，专属京都夜晚的庆典与活动，的确比日本其他地方来得丰盛。夜樱、满月祭、御手洗祭、祇园祭、五山送火、火祭、夜枫、花灯路……这些太阳西落后才开始的活动随着季节时令一档接着一档。原来，京都自古以来就是个活跃于夜里的佼佼者。

即便撇开特定时间举办的这些活动，京都的夜仍然精彩，丝毫不减其魅力。翻开一本以"京都酒场"为策划主题的杂志，地图上密密麻麻的店家仿佛花上数个月也无法一一造访，更别说还有更多尚未被介绍的店家。这些诉求鲜明、独树一帜的深夜食堂，正是夜京都最令人期待的畅快场所。

佐野渡还经营着一家咖啡厅酒吧"Iroiro"（日文各式各样的意思），位于京都最古老的松原京极商业街上，符合专属于京都的夜生活气质。几张桌子和一个 L 形吧台显现出小巧风格，是典型的京都餐厅布局。吧台在京都的重要性超过桌子，很多餐厅甚至只设有吧台，夜京都最令人向往的一道风景就是吧台内外的互动，昏黄、微醺、热闹。

然而 Iroiro 是与众不同的。门外有专为单车族设计的自行车停放架，门内的功能区也令人大开眼界。佐野渡利用这里很小的空间设计成办公室，还在店里开辟出售卖书籍、生活杂货与设计商品的专区，咖啡滤杯、纸制吸管、密封玻璃罐、沙漏……这些经过他严选的生活小物品为酒吧增添了生活的温度。

小归小，这些深夜食堂从主题、菜单到装潢总是带给人惊喜。

京都的夜曲，就是由这些像Iroiro一样有着"走自己的路"这种经营理念的无数小餐厅、小食堂所谱成的。跟随着佐野渡推荐的清单逐一走访，不得不感叹京都黑夜的深藏不露，令人流连忘返。小归小，这些深夜食堂从主题、菜单到装潢总是带给人惊喜。有专攻日本各地精酿啤酒的酒吧，有把一只鸡腿解成16个部位的烧烤，有不按营业时间直到主厨想要停止的日式居酒屋，还有法式小酒馆……真是既独特又多元。唯一令人头疼的是，时间永远不够用，以及要如何挤进仅仅数张座位、一不小心就客满的这些店家。

既自傲又低调，是这些店家不用刻意彰显却如影随形的特征，也是京都世代传承企业共通的处世之道。佐野渡深深为此着迷、眷恋。大学毕业后前往东京发展的他，有感于城市的节奏太快，由于偶然的原因回到了京都。他先是在一家设计公司工作，之后自创了公司，为京都的老企业、新餐厅做视觉网站设计，同时还在大学里执教鞭，一晃下来就是十几年。他说："京都是个规规矩矩的城市，公司和商店都有悠久的历史，总是给人踏实之感。即便只从事设计工作，也能从中学到很多。"

听完佐野渡说的这句话，我忽然有点懂了，也心有戚戚焉。惊人的时间厚度与商店本身扎实的实力，总令他在工作中有额外的收获。而夜京都之所以精彩绝伦，乍看之下似乎是各式各样的花招与卖点，这些固然重要，但是保鲜秘诀的背后是实实在在地努力与付出，如分解成16个部位烧烤的鸡，它之所以迷人，不仅在于它提供了平时罕见的特殊部位的视觉刺激，还有类似于对每日从市场进货这种简单小事的坚持。

佐野渡觉得这带给人一种踏实感。后来，我无数次在夜里流连于一家又一家的食堂、餐厅，又总是到深夜才推开大门掀起暖帘走出这些店家，无论是料理的美味度，还是用餐带来的兴致，都让我感受到了实在和踏实。就如同在深夜的祇园街道遇上了踩着木屐、身着和服却仍旧翩翩而行的艺伎，我知道，京都的夜和白天同等精彩。京都的夜是由无数坚守岗位、有所坚持的人所共同创造的。

086 商店 Iroiro

Iroiro ◯

地址：京都市下京区松原通油小路
东入天神前町 327-2
电话：050-1545-5689
营业时间：15:00-23:30（周二、
三休息）

....

夜探神秘奇幻鸟居

087 寺庙
伏见稻荷神社

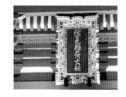

伏见稻荷神社 ◉

地址：京都市伏见区深草薮之内町
68 番地
电话：075-641-7331

　　伏见稻荷神社里上万的鸟居，是前来参拜的人许愿后所捐赠的。究其原因，是捐赠鸟居（Torii）和日文实现愿望的"通"（Toru）字有着谐音关系。大多数人选择在白天来到这座日本人眼中的圣山，如果不是在推荐清单上，我从没想过夜晚造访伏见稻荷神社会有什么样的风景。

　　在一个月明星稀的夜晚，沿着台阶来到千本鸟居的入口。一路上倒并不孤单，也有零星游客前来一窥究竟。橘红色的鸟居隧道在夜里显得更加神秘诡谲，凭着间隔数米而挂的夜灯一路而行，时而明亮，时而昏暗，时而可见到月光洒落。或许因为人少，或许因为在山里，此时安静得落叶可闻。

　　伏见稻荷神社的夜景最极致的时候，是在每年 7 月的祇园祭期间。宵宫祭的前一天及当天（本宫祭的前两天）这两天夜里，伏见稻荷神社会在鸟居上挂满灯笼，大概在日落后 7 点多将其全部点亮。想必那时鸟居隧道会比平日夜里来得明亮，但不变的还是充满异次元时空的神秘氛围。这已经被列入"绝景京都"之列了。

湖畔夜枫与和尚低沉的诵经声

醍醐寺夜枫

醍醐寺 ◐

地址：都市伏见区醍醐东大路町
22
电话：075-571-0002
夜枫参观时间：18:00-20:30

每年到了春樱、秋枫时节，随着游客增多，不少寺庙也跟着变得特别忙碌。通常情况下，各家寺院都会专门展出自家宝物供游客欣赏，不少寺庙还会开放夜间参拜，届时将各色灯光投映在樱花或枫叶上面。照明灯光的设置绝非仅是为了看得更清晰，而是要让这些风景有别于白天的姿态，更加浓艳撩人。结果可见非常受欢迎，前来的游客总是人山人海。但是一般场所都会在傍晚时刻先清场，到了夜间再重新开放。我也曾经去过几处，都是跟着人龙缓缓前行去观赏，吓得从此对这类活动敬而远之。但是当佐野渡推荐醍醐寺的夜枫并保证绝对可靠之后，我心里还是充满期待的。

结论先行，醍醐寺的夜枫令我感到十分满意。或许是因为地理位置带来的不便，前往世界文化遗产醍醐寺的公交车班次很少，若乘坐地铁到醍醐站后也还得走上至少 10 分钟才可到达；也或许是醍醐寺已和樱花画上等号，很少有人知道这里也是赏枫名所。总之，前来赏夜枫的人并不多。夜间开放时间是 18 点，我到达地点时距离开门还有一段时间，醍醐寺仁王门前陆陆续续来了几十人，购买了提前入场券的人可以在 17 点 45 分进场。

开放时间一到，现场就排起小长队买票，然后鱼贯而入，但人群随即就被偌大的醍醐寺稀释了。众人的最终目的地都是"弁天堂"，这处夜枫有两层可以观赏，一是打上灯光的红枫和寺庙建筑，二是沿着水池的 350 株枫树以及小桥、河岸建筑，它们全都倒映在水面上，构成虚虚实实、假假真真的幻境。不

多时之后，一旁的观音堂传来了诵经声。这是自 2011 年开始的秋季夜间参观醍醐寺的特别节目，和僧侣一起祈祷的"锦秋之夜"，这在众多赏夜枫活动中绝对独树一帜。当日，诵经的僧侣并不只集中在观音堂而已，我还碰到了站在水池边诵祷的僧侣，在红枫、水池、灯光、倒影的映衬下，格外触动人心。注重人的五感体验，是醍醐寺与别处最大的不同，他们甚至还安排乐队、音乐家到现场举办音乐会。

过去，要想到醍醐寺观看夜枫需要提前预约，现在则不用。这里也是京都夜间参观少数可以使用三脚架的寺庙，摄影爱好者不容错过。为什么醍醐寺的夜枫可以设计得如此完善？倾听来访者的心声或许是主因。购票的同时还会拿到一张顾客满意度调查表，简单的三个问题却传递着对顾客的体贴。如果只有一次观赏夜枫的机会，没有比醍醐寺更好的选择了。

089
餐厅

超级深夜食堂的和食与葡萄酒

ツネオ

ツネオ（Tsuneo）

地址：京都市东山区下河原通八坂
鸟居前下上弁天町 433
电话：075-746-4977
营业时间：18:00- 凌晨 4:00（每
天食材售完即休息，不定期停休）

用超级深夜食堂来形容ツネオ一点也不为过。主厨岸名裕彦在菜单上这么写着营业时间："自晚间 6 点开始到食材卖完为止，或到我放弃为止"。通常，主厨放弃的时间大约在凌晨4 点。这正是经常造访的佐野渡推荐的主要原因。

这间邻近八坂神社、位于石塀小路的和食料理店，仅有一个大概十个座位的 L 形吧台和一位主厨，料理制作、服务顾客等大小事全都是岸名裕彦一手包办，没有其他人帮忙。坐下来之后，我点杯酒，又点些菜，然后看岸名裕彦在吧台内一会儿开冰箱一会儿移锅子，偶尔有人和他闲聊几句，就像行星运转般自有其速度，料理随后就一道道被送上来了。

[图说]
从鲑鱼卵小菜、生鱼片到炸鸡翅，都能见到主厨的功力。这里每个月都会更换一次菜单。

并非厨师科班出身的岸名裕彦对菜肴却自有一套细腻的思维。他通过食材描述日本的旬之味，跟随每个月的不同食材更换菜单，而冠上了日本城市名称的菜谱，更是让人见识到了日本物产的富饶。

另一个细腻之处，则是岸名裕彦的料理手法。别看他仅有一人，但对味道的掌控、食材的理解、烹调的手法，以及整个节奏如行云流水般自然，令人心生敬佩。一道简单的酥脆炸鸡翅搭配柚子胡椒，要先将鸡翅末节去掉，再将其切分成数块，送上桌时骨头已探出头，吃的时候只要用手捏住骨头处就能轻易让鸡翅骨肉分离。尝在嘴里，鸡皮口感酥脆，鸡肉柔软多汁。如果不亲自看到、尝到，可是完全想象不到的。

ツネオ还值得一提的是，店内葡萄酒柜里的酒大多是来自法国、意大利的葡萄酒。随着时间越来越晚，也有不少祇园附近餐厅的同行前来这用餐。要提醒的是，这里有菜单，上面却没有价格，一般人均消费约一万日元（约合 600 元人民币）。

主推西班牙菜小酒馆的超满足下酒菜

サントレス

Santres ⑪

地址： 京都市下京区乌丸五条下大
坂町 392 豊栄大厦 1 层
电话： 075-351-2133
营业时间： 周一至周五 17:00-
24:00，周六 11:30 - 凌晨 12:30，
周日 7:30-17:00（不定期停休）

晚上不到 7 点，来到サントレス这家店前，往右拉开大门，里面已是人声鼎沸，就像酒吧的气氛，欢乐满盈。这里是一家主推西班牙菜的小酒馆，顾客满座之时，加上店内各种摆设和装饰，空间几乎被挤满了，连服务人员走动时都得吸口气缩小腹、再缩小腹才能经过，但也正是这种气氛才配得上"西班牙小酒馆"这样的称呼。

　　这里的店主比较注重葡萄酒的供应，认为喝点葡萄酒可以使人放松，所以价格特别亲民。最便宜的葡萄酒，一杯只要330日元（约合20元人民币），单瓶也不过1500日元（约合91元人民币）。此外，和酒搭配的西班牙餐点也很精彩。当日我先点了油封秋刀鱼、蒜香虾这两道看起来简单的小吃，鱼肉滑嫩、虾肉香气逼人，催促着意犹未尽的味蕾想要继续探索其他味道。不知不觉间，酒又点了一杯，热气腾腾的西班牙海鲜饭也已在炉火上吱吱作响。如果你像漫画《孤独的美食家》中的主人公一样，总是只身一人，那么你更会爱上这里，因为他们提供一人份的西班牙海鲜饭。

091
餐厅

大自然万物之美齐聚一堂

ウサギノネドコ京都店 Cafe

ウサギノネドコ京都店 Cafe
（ Usaginonedoko Cafe ）

地址：京都市中京区西之京南原町37
电话：075-366-6668
营业时间：11:30-20:00（周四休息）

　　这是一家充满视觉刺激的商店，主要围绕着"自然造型之美"的主题，在店内售卖各式各样的植物、矿物、动物标本。被放在透明空间内的植物种子、花朵，可以旋转两周欣赏，为日常周边事物提供了前所未有的看待角度。纹路各异的海胆骨骼标本区域简直就是一个奇幻世界，尤其在这些标本被摆进京都古朴的木造老房子里时，一切都是那么适宜。

[上图1]
以红色为主题的沙拉，呼应着秋天。

-

[上图2]
鸡腿肉煎得到位，和小黄优格酱很
搭配。

　　不过这家店只营业到下午6点半，出来之后，隔壁的同名咖啡店就成了我打发时间的好去处。咖啡店同样运用矿物、植物作为装潢设计的主要元素，气氛却相对迥异，这里更具现代感，有点像博物展的装饰性设计，比在商店里的呈现显得更为抢眼。可要是以为这样的咖啡店只是靠装潢取胜，那就大错特错了。店内的餐点不但讲究颜色、造型，味道也在一般水平之上。一道"红色沙拉"让红色系的生菜布满白盘，感觉像是作了一幅画，充满艺术感，看得出这就是本店的独特呈现方式。烤鸡腿则是熟得恰到好处，鲜嫩的鸡腿肉搭配上特制的小黄瓜优格酱有不同的风味。食毕，也领会到眼睛、舌尖一起带来的内心愉悦感。

092
餐厅

一次享受 16 种鸡肉部位的烧烤

Sot-l'y-laisse

炭火烧鸟ソリレス
Sot-l'y-laisse（炭火烧く鸟ソリレス）🚇

地址： 京都市下京区河原町松原上清水町 284TSUBUYOSHI 大厦 1 层
电话： 075-353-7018
营业时间： 18:00- 凌晨 2:00

走进日本的烧烤店最大的感受莫过于，可以品尝到许多罕见的、台湾吃不到的东西。Sot-l'y-laisse 正是这样一家鸡肉烧烤店，店名中的法文是指禽类身上位于腿和背之间的两块稀有部位，字面意思是"傻瓜才不要的东西"。

一般烧烤店都是由店家烤制好才端上桌给客人，不过在这里更像是在吃烤肉，他们会端上炭火火炉让大家自己动手烤。

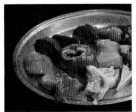

一次可以品尝鸡的 16 种部位，当然就是这里最过瘾的事了：鸡腿、鸡皮、三角软骨、鸡屁股、鸡肾表皮、体内卵、里脊、鸡脖、鸡胸、鸡腹肉、鸡肝、鸡心、鸡胗、鸡睾丸、鸡肾、鸡翅。店家铃木弘二自信地表示，在日本一次要吃到这么多部位可真的不容易。他们选用的是京都赤地鸡，而且每天早上才从市场进货，因为只有这样才能保证好的食材供应。

怕自己动手搞砸了这些肉品？别担心，体贴的店家在菜单上每种部位上面，除了文字说明外也制作了二维码，只要手机一扫就会有教学影片出现。

除此之外，这里也提供下酒小菜，甚至还有台湾地区的鸡肉饭！只不过，昏黄的店内总是高朋满座，最好提前预订位置，不然就得避开晚餐高峰时段，改成宵夜。

闹市区的法式小酒馆

Brasserie Café ONZE

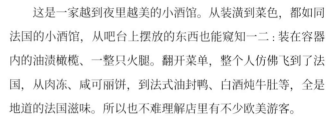

Brasserie Café ONZE 🍴

地址：京都市下京区木屋町通四条
下斋藤町 125
电话：075-351-0733
营业时间：15:00- 凌晨 1:00

这是一家越到夜里越美的小酒馆。从装潢到菜色，都如同法国的小酒馆，从吧台上摆放的东西也能窥知一二：装在容器内的油渍橄榄、一整只火腿。翻开菜单，整个人仿佛飞到了法国，从肉冻、咸可丽饼，到法式油封鸭、白酒炖牛肚等，全是地道的法国滋味。所以也不难理解店里有不少欧美游客。

店家给自己的定位是要做法式地方料理和家庭料理，因此无论是菜肴还是装潢走的都是轻松自在风。

这里从下午 3 点一直营业到凌晨，加上餐酒特色，让人在这里用餐时有很大的弹性。想点下酒菜搭配葡萄酒，还是饭后再来，只想在昏黄的店内喝杯酒感受微醺？不用正襟危坐，这里提供了有别于日式居酒屋的另一种选择。

094
餐厅

大口喝日本精酿啤酒

BUNGALOW

BUNGALOW ⑪

地址：京都府京都市下京区四条崛
川东入柏屋町 15
电话：075-256-8205
营业时间：周二至周六 15:00
至次日凌晨 2:00；周日
12:00-23:00（周一休息）

夏天造访 BUNGALOW 时，是找不到大门的。这里只有一面面向大马路、一面面向小巷的两个立面的大铁门，拉开之后，就没有任何与外面的屏障了，是个通透的空间。而到了寒冷的冬天，也仅仅以透明塑料门帘隔开，所以仍具有开放感。店内，一楼是日本近年来很流行的立食（站着吃饭），二楼才是座位区。再加上水泥材质的天花板、木板的装潢，整体的氛围带着些许粗犷感。

这里最大的特色是最近红遍日本的精酿啤酒。走进店内望向吧台，"桶装现压精酿啤酒"（Craft Beer on Tap）几个大字特别醒目，下面列出了当日供应的十款精酿啤酒，甚至还注明了产地。你若是精酿啤酒迷，那么拿到菜单后更可从中获得不少

[图说]

立食近年在日本蔚为风潮，BUNGALOW 一楼的吧台就是没有椅子的（上）。喝啤酒，当然少不了下酒菜（下）。

信息。每款精酿啤酒都注明了发酵方式、所属啤酒种类、国际苦度值（IBU，通常数值越高越苦）、酒精浓度等信息。也就是说，你可以依此判断出哪款是你想尝试的。

当然，既然人在京都，来杯京都酿造的精酿啤酒绝对是不错的选择。特别是，京都本地啤酒总有一个带着京都意境的名字，格外引人注意，比如"一期一会"、"欧洲之风"、"一意专心"、"初雪"、"双截龙"等，这都是他们当时推出的酒款，也令人在饮用时多了几分想象。有啤酒又怎么能少得了下酒菜？这里提供沙拉、香肠、肉派、炒肉等多样的佐酒餐点，美味程度与酒和店内气氛相得益彰。

酷老板与七座位的荞麦面店

まつもと

まつもと（Matsumoto）

地址：京都市中京区中之町 577
电话：075-256-5053
营业时间：12:00-14:00；16:00-
23:00（周日 13:00 开始营业；周
二休息）

　　小到不可思议的店在日本总有其生存之道，这家开业了三年多的荞麦面店就是其一。店内只有七个吧台座位，卖的是荞麦面、酒和下酒菜。顾客满座之时，仅从大家身后的狭小走道通过，就是一场考验。

　　这里的招牌是荞麦面，但所供应的种类简单到出乎意料，只有冷面两款、汤面两款。有人喜欢吃手打百分之百的荞麦冷面，也有人拥护鸭南蛮荞麦汤面。我则是后者的啦啦队，金黄

清澈的高汤搭配着日本大葱和鲜嫩的鸭肉，这是多么令人满足的一碗再简单不过的面食。

从摆设到氛围，这家店都透着沉稳的气息，老板也酷酷的，除了点菜结账外几乎很少说话。中午开店两小时，晚上要从下午4点开到深夜。或许因为只有七个座位，开店前就有人在排队了，但老板仍旧慢条斯理，非得等到营业时间过了才将大门打开迎客。

这家店所在的柳小路，是宽度只能容纳两人并排通行、长度仅60米的铺着石砖的小巷，连京都人也不一定知道。近年越发备受瞩目起来。它虽然短小却是一条饶富风情的小巷，靠的就是まつもと这类店家的进驻。吃完了荞麦面离开店家，想到若是恰逢细雨绵绵，那么属于这条巷弄的诗意一定会带来令人难忘的京都夜。

京都迷悠晃上瘾的
口袋名单

[自由撰稿人]　徐铭志 | ERIC HSU

不知为何，思绪和内心总能在造访后渐渐地清澄，然后体会简单的幸福。

每次规划京都行程表时，总是头疼，因为时间有限，行程总需要经过一番取舍。想安排进计划里的，不仅是未曾去过、想一探究竟的景点和店家，同时心里也有些保留空间，想给那些无论如何就是想一去再去的地方。

神奇的是，有些地方就是让你怀念，然后一而再，再而三地前往，仿佛京都之行少了它们便索然无味。就像鸭川，若没有站到溪旁走上一段，望一望上游的大山、缓缓而下的水，抬头看看天，哪怕就坐在河堤旁吃个便当，甚至什么也不做都行，不然总会觉得这趟行程少了点什么。

当中不乏前面九位京都好友的推荐，也有一些属于我个人的口袋名单，它们若没有出现在这本书里，自然也就成了各位的遗珠。

一位旅居德国柏林、同为自由撰稿人的朋友问我："你会有所保留地推荐，避免自己特别喜欢的店家涌入大批游客，反而让自己不得其门而入吗？"我的回答是："一般来说，京都的店家规模都不大，所以也就无所谓保不保留了。"令人头疼的只是：该怎么从密度极高的景点和店家中挑出有限的数量，描绘出京都该有的模样。

一直在思考，究竟是什么原因让我对它们产生依恋，而到了每到必访的程度？季节交替产生的风景差异或许是原因之一，如从寺庙里望出去的庭园框景仿佛日日不同，呈现出的氛围也变化多端，自然是迷人的。但是更为核心的，我想应该是它们能够带来安定与无限的幸福感。不知为何，思绪和内心总能在造访后渐渐地清澄，然后体会到简单的幸福。那是可以持续很长很久的幸福感，回想起来也会笑的那种。

数量不多的清单，各个都散发着浓浓的京都味。至于其他的遗珠们，不妨就让它们成为下次再访京都的理由吧。

096
祭典活动

平安时期流传至今浸泡双脚祈福仪式

御手洗祭

御手洗祭（下鸭神社）⊕

地址：京都市左京下鸭泉川町 59
电话：075-781-0010
活动时间：17:30-21:00

祭典在京都是美丽的、美好的。不光是呈现形式的美与细致，还有着寓意颇深的祝福与祈愿。御手洗祭便是我相当喜爱的一个。下鸭神社在炎炎夏日里举办的御手洗祭，是我所知京都祭典中另一个每年日期不固定的仪式，还有一个是满月祭。在"土用之丑日"（立秋前的 18 天被称为"土用"，"丑"则指 12 生肖中的牛，以 12 天为单位进行轮回，因此在"用土"的 18 天中至少会出现一次）举行的祭典，时间一般落在节气大暑和立秋之间，所以是一年中最热的时候。我之所以喜欢，不外乎这是外来游客也可以亲身参与的祭典，且带着满满的祝福。

这是去除厄运，祈求一年无病无痛的祭典。虽然称为御手洗祭，但方法是将双脚浸泡在御手洗池里洗净，可以说是洁足活动。据说，自平安时期贵族们就有在这天洗净双脚的习惯。流传至今，参与者从京都市民扩展到日本全国，再到为数不少的外国观光客。

傍晚才开放的祭典，越晚越热闹，人群不断涌入。脱了鞋、买了祈福蜡烛，然后随着排队慢慢踏入了水池。仅仅十几摄氏度的地下水，怎么都比想象中冰凉，无论你是否有心理准备，踏入的瞬间，必然惊呼这从脚底上蹿到全身的沁凉。接着，为了确保点亮的蜡烛不被风吹熄，所有人小心翼翼地前行，直至把蜡烛插到烛台上。双眼紧闭、双手合十、诚心祈愿，是水池烛台边最美的画面。

离开水池后，现场有神水可供饮用，也可请工作人员将之往头上浇注。没有复杂的仪式和多余的装饰，简简单单便可让人祈求平安，御手洗祭的魅力莫过于此。离开了现场，长长的纠之森已是绵延不绝的摊贩，吃喝玩乐应有尽有。夏夜在京都，一点也不燥热，是充满正念与欢乐的享受。

洛北赏枫名所的四季之美

097
寺庙

圆光寺

圆光寺 ⓜ

地址：京都市左京区一乘寺小谷町
十三番地
电话：075-781-8025
开放时间：9:00-17:00

圆光寺是我每次来京都都会设法前往的寺庙。它的地点已不在京都旅行精华区，持公交车一日券搭乘还需额外多付费，却丝毫不减我想去的动力。

依山而建的圆光寺赢在无处不在的细节。

我始终记得第一次造次的经历，时间是在 5 月，是京都旅游的淡季，好似什么都不值得一看，但圆光寺迎接日常不多的游客也丝毫不怠慢。先是一座雅致的水琴窟，发出高频而深远的"叮——叮——"声响，就像净化五感的仪式。一根竹子横亘于上，插着一朵白花，似乎提醒着每个季节都有各自之美。走进屋内面对大名鼎鼎的十牛之庭，满盈的绿意令我开了眼界，深深浅浅、或明或暗。我从未想过仅通过绿色竟可以展

现如此丰富的层次感。离开屋步入庭园，则又被另一种高高低低、远远近近的绿包围着。

日后，各个季节的庭园风光便成了我前往圆光寺的理由。水琴窟上的那朵花也随着季节而换成绣球、枫叶。若上圆光寺的官网查看就知道我所言不假，春天的樱花、夏天的绿意，还有秋天的枫红，作为赏枫名胜自然会吸引来人潮。冬天也不例外，枯凛的冬季也散发出苍劲的纯粹之美。每个季节都有各自的性格与特色。

圆光寺给予旅客的，远比想象中来得多。这里还有不同于一般枯山水的"奔龙庭"、洛北最古老的泉水"栖龙池"、蓬勃生机的竹林、可以眺望洛北的小山丘，这些都是寺内值得花时间细细品味的一隅。

098
咖啡馆

白川畔品京都名产日式煎蛋三明治

やまもと喫茶

Yamamoto Kichya
やまもと喫茶

地址：京都市中京区西之京南原町 37-2
电话：075-531-0109
营业时间：7:00-17:30

京都的早餐，怎能没有日式煎蛋三明治？日本设计杂志 *Casa Brutus* 曾以"京都是日式煎蛋三明治的街道"来形容京都，由此可见日式煎蛋三明治在京都的地位。在京都，销售日式煎蛋三明治的咖啡店、喫茶店星罗棋布，各有其独到之处。试过了数家名店后，我则偏好去"山本喫茶"享受这份能够代表京都早餐的一餐。理由如下：

一、符合早餐时段，且营业时间最早。虽然大家都把日式煎蛋三明治视为早餐，可不少店家要到 10 点、11 点才开始营业，早餐都快成早午餐了。

　　二、用餐兼具视觉享受。坐落于白川畔的这家喫茶店不像许多老式店铺的昏黄氛围，整体明亮洒落，店内还有两个面对白川的座位，春天时还有樱花可赏。

　　三、松软滑嫩的煎蛋，当然是最大的吸引力。店家在白土司上涂了蛋黄酱，摆上薄薄的小黄瓜切片，让夹在土司中的煎蛋显得更滑嫩了，再加上一旁附上的生菜，无论美味还是营养都无懈可击。

　　不是日式酱菜、白饭，一杯咖啡、日式煎蛋三明治所组成的"和洋"滋味，才是京都人最地道的日常风景。

如千余年前的天皇般鸟瞰京都市景

青莲院将军冢青龙殿

青莲院将军冢青龙殿

地址：京都府京都市山科区厨子奥
花鸟町 28
电话：075-771-0390
开放时间：9:00-17:00

想一览京都盆地之美，想站在历史场景的舞台。青莲院将军冢青龙殿能满足这些需求。据说桓武天皇在 1200 多年前迁都平安京时，就曾站在位于东山山顶的将军冢鸟瞰整个京都盆地。此后，为了消除灾难、镇守城市，他将陶土做的将军像封埋于此，于是才有将军冢的名称。

或许因为在山顶，交通不便利，将军冢的游客并不多。从青莲院步行至将军冢还需要爬 40 分钟左右不太轻松的山路。

将军冢一旁的青龙殿是 2014 年才建造完成的新庙。但若因为其落成时间短而将之视为"新庙"，又有点不正确。这是青莲院住持为了抢救 1914 年所建的平安道场而重新建造的。原来的平安道场老旧腐朽，面临拆除命运，但在住持的奔走

下，花了三年时间与政府交涉，政府才同意将其解体运往东山山顶，前后花了近六年时间才让老建筑重新伫立于山头，成为今日所见的青龙殿。

紧连着青龙殿的大舞台也很有看头，整个盘踞在山壁斜坡上，面积比清水舞台还大上近五倍，使用的材料全是珍贵的桧木。站在舞台边缘，可以眺望整个京都市景。而且，京都每年夏末的"五山送火"祭典，也能在这个舞台上一次饱览"大、妙法、左大文字、船形、鸟居"的篝火字形。

不少人会特别选在夜间开放时间来欣赏夜景，在枫红季的夜晚和赏樱季，这里也很受欢迎。

逛不完、买不停的旧货宝库

北野天满宫市集

北野天满宫市集

地址：京都市上京区马餐町
电话：075-461-0005
活动时间：每月 25 日 6:00-16:00

[图说]
由于规模盛大，爱逛旧货市集的人来到一个月一次的北野天满宫市集，一定能有不少收获。

真正造访北野天满宫市集前，我已经逛遍了京都大大小小的市集。东市弘法市集是最早接触的一个，不过随着观光客日益增多，似乎连售卖的旧货也都渐渐地改变了。就我而言，其魅力已稍微减弱。北野天满宫市集倒出乎我意料地有趣，沿着参道、寺庙周遭道路设立的摊位多到满溢，一个上午好像也不怎么够用。你若是喜爱淘宝旧货，这里肯定称得上天堂。衣服、陶艺、布料、玻璃，就连从印度来的印花铁工具都有。

北野天满宫称这个每月 25 日举办的市集为结缘日，由来是这里供奉的学问之神菅原道真诞生于 6 月 25 日，仙逝于 2 月 25 日。除了逛市集，北野天满宫也很值得一探，这里是全日本万余所天满宫的发源之地。此外，在每年 2 月 25 日的梅季和菅原道真诞生的 6 月 25 日，都有额外的活动可以参与。

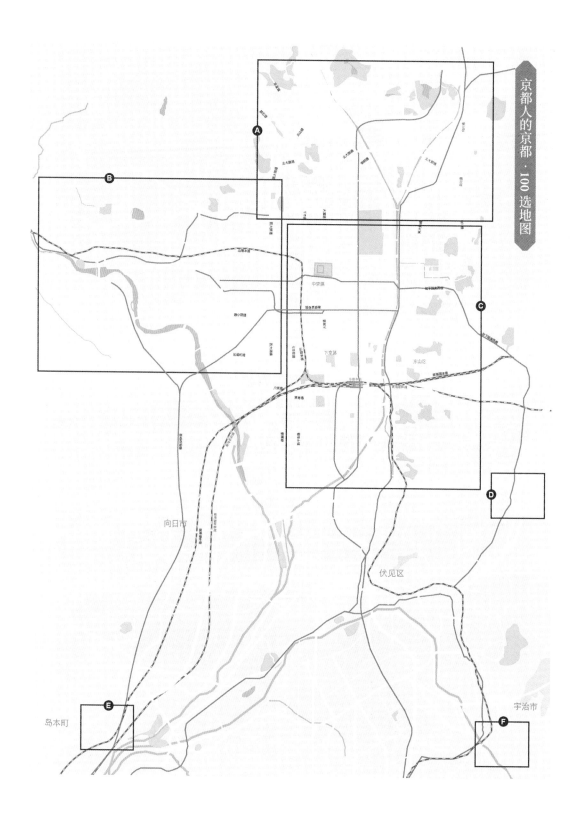

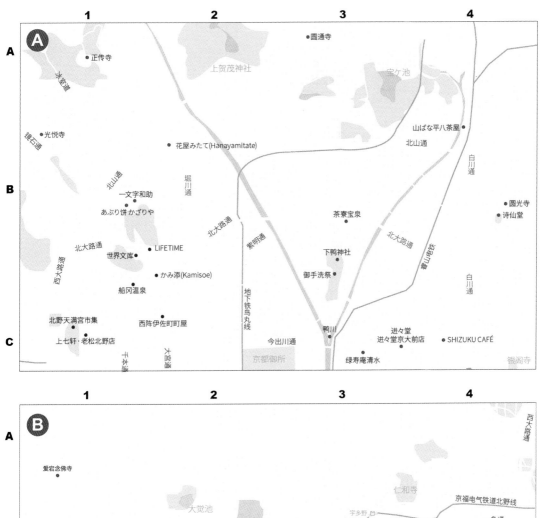

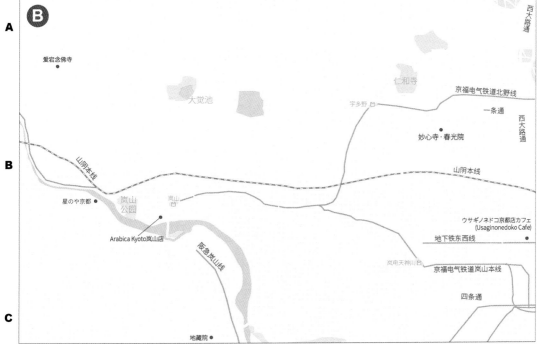

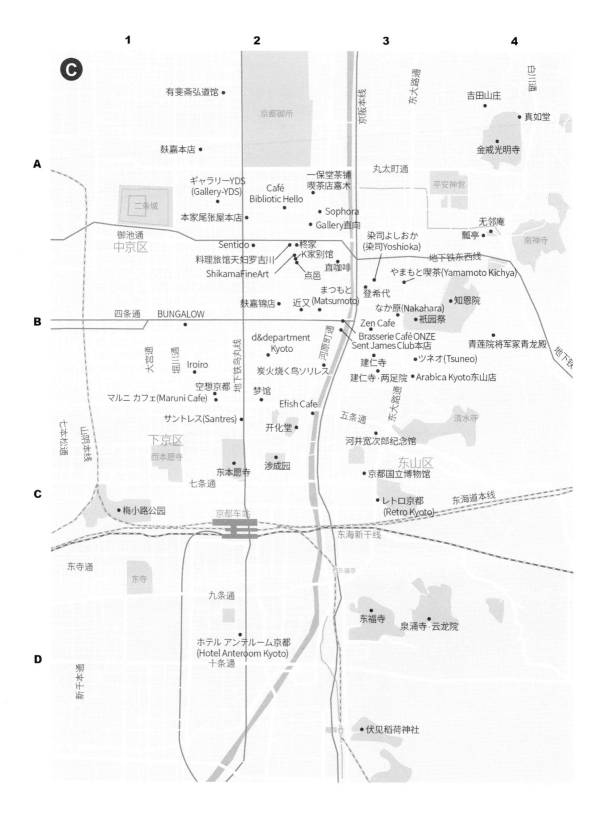

1 **2** **3** **4**

C

有斐斎弘道館

京都御所

京阪本線

东大路通

吉田山庄

真如堂

麸嘉本店

金戒光明寺

丸太町通

A

ギャラリーYDS
(Gallery-YDS)

Café
Bibliotic Hello

一保堂茶铺
喫茶店嘉木

平安神宫

本家尾张屋本店

Sophora

无邻庵

瓢亭

Gallery直向

御池通

Sentido

中京区

染司よしおか
(染司Yoshioka)

地下铁东西线

南禅寺

柊家

料理旅馆天妇罗吉川

K家别馆

ShikamaFineArt

直咖啡

点邑

やまもと喫茶(Yamamoto Kichya)

二条城

まつもと
近又(Matsumoto)

登希代

知恩院

麸嘉锦店

なか原(Nakahara)

祇园祭

四条通 BUNGALOW

Zen Cafe

B

d&department
Kyoto

Brasserie Café ONZE
Sent James Club本店

青莲院将军家青龙殿

大宫通

堀川通

Iroiro

建仁寺

ツネオ(Tsuneo)

空想京都

炭火烧く鸟ソリレス

建仁寺·两足院

Arabica Kyoto东山店

マルニ カフェ(Maruni Cafe)

梦馆

东大路通

清水寺

サントレス(Santres)

Efish Cafe

五条通

下京区

开化堂

河井宽次郎纪念馆

西本愿寺

东本愿寺

涉成园

东山区

京都国立博物馆

七条通

C

梅小路公园

京都车站

レトロ京都
(Retro Kyoto)

东海道本线

东海新干线

东寺通

东寺

东福寺

九条通

东福寺

泉涌寺·云龙院

ホテル アンテルーム京都
(Hotel Anteroom Kyoto)

十条通

D

新干本通

伏见稻荷神社

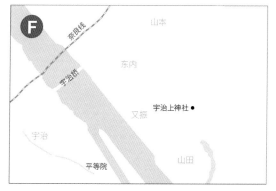

○ 本书所载之活动、餐饮、住宿及店家相关信息，有时会因季节、时程等情况而有所变动，

建议您出发前请先登陆网站或电话确认。

索引

○ 本书所载之活动、餐饮、住宿及店家相关信息，有时会因季节、时程等情况而有所变动，建议您出发前请先登陆网站或电话确认。